Emil Sulger-Gebing
Goethe und Dante
Studien zur vergleichenden Literaturgeschichte

Sulger-Gebing, Emil: Goethe und Dante. Studien zur vergleichenden Literaturgeschichte.
Hamburg, SEVERUS Verlag 2011.
Nachdruck der Originalausgabe von 1907.

ISBN: 978-3-86347-073-9
Druck: SEVERUS Verlag, Hamburg 2011

Der SEVERUS Verlag ist ein Imprint der Diplomica Verlag GmbH.

Bibliografische Information der Deutschen Nationalbibliothek:
Die Deutsche Nationalbibliothek verzeichnet diese Publikation in der Deutschen Nationalbibliografie; detaillierte bibliografische Daten sind im Internet über http://dnb.d-nb.de abrufbar.

© **SEVERUS Verlag**
http://www.severus-verlag.de, Hamburg 2011
Printed in Germany
Alle Rechte vorbehalten.

Der SEVERUS Verlag übernimmt keine juristische Verantwortung oder irgendeine Haftung für evtl. fehlerhafte Angaben und deren Folgen.

Meinem Bruder

August Sulger

in alter Dankbarkeit und treuer Liebe gewidmet.

Inhalt.

	Seite
Einleitendes	1
Erstes Kapitel. Äußerungen Goethes über Dante	4
Anhang zum ersten Kapitel	46
Zweites Kapitel. Goethes Beziehungen zu Dante dargestellt auf Grund der vorliegenden Äußerungen Goethes	48
Drittes Kapitel. Spuren Dantes in Goethes eigener Dichtung	69
Literatur-Verzeichnis	112
Personen-Verzeichnis	118

Einleitendes.

Es hat einen großen Reiz, zwei Weltdichter wie Goethe und Dante miteinander zu vergleichen, und dieser Reiz wächst noch da, wo, wie bei diesen beiden, unmittelbare Berührungen vorliegen. Aber die Gefahr liegt nahe, sich in hochtönenden Redensarten und großen Parallelen, in geistvollen Vergleichungen und tiefsinnigen Allgemeinheiten zu ergehen, eine Gefahr, der viele bisherige Bearbeiter des Themas verfallen sind. Und dem, der diese vermeidet, liegt eine andere nahe, die: aus Voreingenommenheit für den einen oder den andern der beiden Großen den Einfluß des um fünf Jahrhunderte älteren Italieners auf den Deutschen zu übertreiben oder völlig zu leugnen. Eine einigermaßen erschöpfende und fast alle in Betracht kommenden Momente sorgfältig verwertende Behandlung der Fragen, welche die Nebeneinanderstellung „Goethe und Dante" in sich schließt, auf durchaus wissenschaftlicher Grundlage ist bis jetzt nur in dem gehaltvollen Mailänder Vortrage Farinellis vorhanden.[1]) Aber auch abgesehen von der andern Sprache und dem andern Publikum, in welcher und an welches diese Ausführungen erfolgten, bedingt schon ihre Form, eben als öffentlicher Vortrag, eine andere Haltung als sie meine hier folgenden Untersuchungen einnehmen; diese konnten jedoch Farinellis auf unglaublich ausgedehnter Belesenheit beruhendes Material dankbar benutzen, so daß ich ihm für tatsächliche Angaben wie für wertvolle Anregungen vielfach verpflichtet bin und meinen Dank dafür hier mit allem Nachdruck aussprechen möchte.[2])

---

[1]) Arturo Farinelli, Dante e Goethe. Conferenza tenuta alla società Dantesca di Milano il 16. Aprile 1899. Firenze 1900. (Biblioteca Critica della Letteratura Italiana diretta da Francesco Torraca Vol. 34.)

[2]) Dies um so mehr, als ich im folgenden nicht jeweilen im einzelnen seine Ausführungen zitieren kann, auch wohl die Kenntnis seines trefflichen Schriftchens bei meinen Lesern voraussetzen darf.

Ebenso ist es mir eine angenehme Pflicht, dem Goethe- und Schiller-Archiv in Weimar für sein liebenswürdiges Entgegenkommen, das meine Arbeit fördernd unterstützte, und dem Goethe-National-Museum in Weimar für freundliche Beantwortung meiner Fragen meinen aufrichtigen Dank auszusprechen. Es erschien mir wünschenswert und nutzbringend, einmal ganz nüchtern auf Grund aller uns überlieferten eigenen Äußerungen Goethes über Dante dessen Verhältnis zum Dichter der Divina Commedia (denn nur als solcher kommt er für Goethe in Betracht) klarzulegen und erst von der so geschaffenen festen Grundlage aus die weitere und heiklere Frage nach den von Dante empfangenen Anregungen im eigenen Schaffen Goethes, insbesondere auch im Faust zu verfolgen. So ergab sich mir ganz von selbst ein dreiteiliger Aufbau meiner Arbeit: das erste Kapitel stellt alle mir bekannt gewordenen Äußerungen Goethes über Dante in chronologischer Folge zusammen[1]) und fügt, was zum näheren Verständnis wünschenswert erschien, in knappen Erläuterungen bei; das zweite Kapitel gibt auf der Zusammenstellung des ersten fußend eine übersichtliche Darstellung der so nachweisbaren Dantekenntnis Goethes, und das dritte verfolgt die Spuren Dantes in Goethes eigenen Werken.

Hier möchte ich nur einleitend noch zwei Momente herausgreifen, welche gewisse äußere Berührungen der beiden Dichter, die eine im Leben, die andere im Tode, ergeben und die, wenn auch ohne tatsächlichen Gewinn, doch nicht ohne einen gewissen reizvollen Stimmungswert sind. Die erste Nacht, die Goethe in Rom, dem so lange mit der Seele gesuchten, nun endlich erreichten Ziele seiner Sehnsucht, verbrachte, schlief er, wie Noack[2]) nachgewiesen hat, in der altberühmten, trotz aller gerade in jener Tibergegend so einschneidenden modernen Veränderungen auch heute noch bestehenden „Locanda dell'

---

[1]) Daß unbedingte Vollständigkeit unerreichbar blieb, ist mir bewußt. Insbesondere mag in den späten Briefen Goethes noch die eine und andere Stelle sich finden, die mir entgangen ist oder die noch ungedruckt ihrer Auferstehung in der Weimarer Ausgabe entgegenschlummert. Doch hoffe ich, daß ich nichts wichtiges übersehen habe, und glaube, daß allfällige Nachträge und Neufunde das Gesamtbild nirgends wesentlich verändern werden.
[2]) Aus Goethes römischem Kreise. Goethe-Jahrbuch 1904. XXV, 187f.

Orso" an der Ecke der Via di Monte Brianzo und Via dell' Orso, und in derselben Locanda soll alter Überlieferung zufolge auch Dante eingekehrt sein. Und das andere: Als Goethe, eingegangen zur ewigen Ruhe, in der erhabenen Schönheit seines Greisenalters auf dem Totenbette lag, einen frischen Lorbeerzweig um die Stirne, da erinnerten die Formen seines Kopfes, wie Frommann[1]) bezeugt, an die Dantes. In der Tat, vergleichen wir die bekannte Zeichnung, worauf Preller mit so sicheren Strichen den toten Goethe dargestellt hat, mit einem der alten Danteporträts, die ja allerdings fast alle aus späterer Zeit stammend doch meist einen bestimmten Typus festhalten, etwa mit der schönen, früher dem Masaccio oder Ghirlandajo zugeschriebenen, neuerdings als von unbekannter Hand herrührend bezeichneten Handzeichnung der Münchener graphischen Sammlung,[2]) so tritt auch für uns heute noch eine Ähnlichkeit unverkennbar hervor, „nur daß", wie Frommann sagt, „bei Goethe alles milder ist". Più mite di Dante, tale era Goethe nei lineamenti del viso, tale nell'indole e tale nel fondo dell'arte sua, bemerkt Farinelli zu Frommanns Worten.[3])

---

[1]) Frommanns Bericht über Goethes Tod und Bestattung vom 27. März 1832 s. Goethe-Jahrb. 1891, XII, 133 ff., der Vergleich mit Dante S. 135 f. — Ein anderer für die Allg. Zeitung geschriebener Bericht (3. April 1832, Beil. Nr. 94) ist wieder abgedruckt in: F. J. Frommann, Das Frommannsche Haus und seine Gäste. 3. Ausg. Stuttgart 1889, S. 69—71. Hier schreibt er: „Ein anderer frischer Kranz von blühendem Lorbeer umgab die grauen Schläfen und die jetzt faltenlose Stirn. Rein edel und unverstellt zeigten sich die edeln (danteschen) Formen des Kopfes, ein Anblick von unbeschreiblicher Erhabenheit und Ruhe." (S. 70.)

[2]) Das Bild wurde als Masaccio im Dante-Jahrbuch II (1869) in einem kleinen und recht flauen Stich von Jul. Thaeter reproduziert. Vgl. dazu im Text Ernst Förster (S. VII, VIII), der es dem Ghirlandajo zuschreibt, und Theodor Paur S. 285 f. — Franz Xaver Kraus (Dante, Berlin 1897) bespricht das Bild S. 187 f. und gibt eine kleine Abbildung ebenfalls nach Thaeters Stich. — Eine sehr schöne, größere, wenn auch dem lebensgroßen Original im Format nicht gleichkommende Reproduktion in Hugo Helbings Monatsberichten über Kunstwissenschaft und Kunsthandel, Bd. II, 1902, Tafel 104, dazu der Artikel von Dr. Ivo Kraus, Das Dantebild von Beginn des Quattrocento bis Raffael S. 319 ff.

[3]) a. a. O. S. 16.

Erstes Kapitel.

Äußerungen Goethes über Dante.

1796.

1. 2.   **Benvenuto Cellini.**

Goethe:

Mattheus, der Franzose, versetzte: Er hat den Dante gelesen, und für großer Schwäche phantasiert er.

    I. Druck: Horen 1796, VII. Stück, S. 23. — W. A. XLIII, 241.

Da sah der Richter hin und rief: Stille, stille! Satan, fort, stille! und zwar klingen diese Worte im Französischen folgendermaßen: paix, paix, Satan, allez, paix. Ich, der ich die französische Sprache sehr wohl gelernt hatte, erinnerte mich bei diesem Spruche eines Ausdrucks, welchen Dante gebraucht, als er mit Virgil seinem Meister in die Tore der Hölle tritt; und ich verstand nun den dunkeln Vers; denn Dante war mit Giotto dem Maler in Frankreich und am längsten in Paris gewesen, und

Cellini:

Quell altro Mattio Franzese diceva: egli ha letto Dante e in grande infermità gli è venuto questa vagillazione.

    Vita di Benvenuto Cellini. Milano 1805. S. 205.

... il detto Giudice guardando, disse ad alta voce: sta' cheto, sta' cheto, satanasso, levati di costì e sta' cheto; queste parole nella lingua Franzese furono in questo modo: paix, paix, satan, allez, paix. Io che benissimo avevo imparata la lingua Franzese, sentendo questo motto, mi venne in mente quel che Dante mi volse dire, quando entrò con Virgilio suo maestro dentro alle porte dell'Inferno: perchè Dante a tempo di Giotto Dipintore furono insieme in Francia, e maggiormente in Parigi, dove

wahrscheinlich hat er auch diesen Ort, den man wohl eine Hölle nennen kann, besucht, und hat diesen hier gewöhnlichen Ausdruck, da er gut französisch verstand, auch in seinem Gedichte angebracht. Nun schien es mir sonderbar, daß man diese Stelle niemals verstanden hat, wie ihn denn überhaupt seine Ausleger wohl manches sagen lassen, was er weder gedacht noch geträumt hat.

per le dette cause si può dire quel luogo, dove si litiga, un Inferno; però ancora Dante intendendo bene la lingua Franzese si servì di quel motto: e m'è parso gran cosa che mai non sia stato inteso per tale, di modo ch'io dico e credo, che questi Comentatori gli faccin dir cose, le quale egli mai non l'abbia non che pensate, ma sognate.

ebda. S. 399 f.

I. Druck: Horen 1796, XI. Stück, S. 29. — W. A. XLIV, 84.

Die im ganzen bis auf geringfügige Abweichungen getreue Übersetzung fügt nur an der einen, von mir im Druck hervorgehobenen Stelle einen Goetheschen Zusatz bei. — Der Vers Dantes, den Benvenuto Cellini hier auf seine Weise erklärt, steht Inf. VII, 1: „Pape Satan, Pape Satan aleppe", und hat den Erklärern von jeher viel Kopfzerbrechens gemacht, ohne daß eine allseitig befriedigende, zweifellos richtige Deutung gefunden wäre. Die wichtigsten der sehr weit auseinandergehenden Anschauungen der Kommentatoren stellt übersichtlich zusammen Scartazzinis Ausgabe der Divina Commedia, Bd. I, Inferno. 2. Auflage Leipzig 1900. S. 108—111.

1799.

3.   Über die Flaxmanischen Werke.

Ich begreife nun recht gut, wie Flaxman der Abgott aller Dilettanten sein muß, denn seine Verdienste sind alle leicht zu fassen und haben von vielen Seiten eine Annäherung an das, was man im allgemeinsten empfindet, kennt, liebt und schätzt. Ich rede hier besonders vom Dante, den ich vor mir habe.

Diktat vom 31. März 1799. — I. Druck: W. A. XLVII, 245 (vgl. S. 430).

Dazu geben näheren Aufschluß die Tagebuchnotizen vom 31. März 1799: „Die Flaxmanischen Kupfer, durch Rat

Schlegel kommuniziert, ging ich durch und diktierte etwas darüber. Gegen Abend sah ich solche mit Schillern noch einmal durch" ... und vom 1. April 1799: „Schluß über die Flaxmanischen Arbeiten" (W. A. Tageb. II, 240), sowie der Brief an Heinrich Meyer vom 1. April 1799, dessen Nachschrift lautet: „Durch einen günstigen Zufall habe ich die Flaxmanischen Kupfer sämtlich gesehen und begreife recht, daß er der Abgott der Dilettanten sein kann, da seine Verdienste durchaus faßlich sind und man, um seine Mängel einzusehen und zu beurteilen, schon mehr Kenntnis besitzen muß. Ich hätte recht sehr gewünscht, diese Sammlung mit Ihnen durchzugehen, indessen habe ich sie, so gut mir möglich sein wollte, beleuchtet und mir geschwinde manches zur Erinnerung notiert." (W. A. Briefe XIV, 62.) — Die von dem englischen Bildhauer John Flaxman (1755—1826) gezeichneten, von dem römischen Stecher Tommaso Piroli (1750—1824) gestochenen Blätter zu Dante, Homer und Aeschylus erschienen 1793—1796. Aug. Wilhelm Schlegel, der sehr dafür eingenommen war, besprach sie sehr ausführlich in seinem „Athenäum" 1799, II, 193—246. (Näheres darüber in meiner Schrift: Die Brüder A. W. und F. Schlegel in ihrem Verhältnis zur bildenden Kunst. München 1897. S. 62—67.) Daß Goethe mit dem zweimaligen Seitenhieb auf die „Dilettanten" in erster Linie auf Schlegel und seine kritiklose Begeisterung zielt, ist klar. Goethe selbst war übrigens später im Besitze aller drei Bilderfolgen Flaxmans, wie aus Chr. Schuchardt, Goethes Kunstsammlungen, 1848, I, 219 (Nr. 43, 43a, 44) hervorgeht. Flaxmans Lectures of Sculpture, die erst drei Jahre nach seinem Tode London 1829 erschien, hat Goethe im August ihres Erscheinungsjahres gelesen. Vgl. unten Nr. 11 und Nr. 47.

1801.

4. **Goethe an Schelling. 5. Dezember 1801.**

Für die Übersendung des Almanachs danke vielmals, der eine Art von Purgatorio darstellt. Die Teilnehmer befinden sich weder auf Erden noch im Himmel noch in der Hölle, sondern in einem interessanten Mittelzustand, welcher teils peinlich, teils erfreulich ist.

I. Druck: Aus Schellings Leben in Briefen. 1869. I, 350. — W. A. IV. Abt. XV, 294.

Es handelt sich um den „Musen-Almanach für das Jahr 1802. Herausgegeben von Bernhard Vermehren, Leipzig, in der Sommerschen Buchhandlung". Abgesehen vom Herausgeber nennt das Büchlein von bekannteren Namen als Mitarbeiter Conz, Haug, Hölderlin, Klopstock, von Knebel, Kosegarten, Sophie Mereau, Pfeffel, Friedr. Schlegel, Schubart, Tiedge, Aug. Winkelmann. Trotz Vermehrens wiederholter Bitte hat Goethe nichts beigesteuert; er schrieb vielmehr im Januar 1801 an Cotta: „Wie der gute Vermehren dazu kommt, mich als einen bedeutenden Teilnehmer an seinem Almanach anzugeben, begreife ich nicht" usw. (W. A. IV. Abt. XV, 170.) Vgl. zur Sache auch Schriften der Goethe-Gesellschaft XIII, 336. Der 1774 geborene Vermehren, der damals Privatdozent der Philosophie in Jena war, starb schon am 29. November 1803.

1803.

5. Anhang zur Lebensbeschreibung des Benvenuto Cellini.

III. Näherer Einfluß auf Cellini.

Orcagna hebt sich höher [als Giotto, Gaddi u. a.] und schließt sich an die Poesie, besonders an die Gestalten des Dante.

> I. Druck: Leben des Benvenuto Cellini... übersetzt und mit einem Anhang herausgegeben von Goethe. Tübingen 1803, II, 260. — W. A. XLIV, 305.

Andrea Orcagna († 1368) oder sein Bruder Bernardo hat das Höllenbild in der Strozzikapelle in Sta. Maria Novella zu Florenz gemalt (Abb. bei Kraus, Dante, zwischen S. 648 und 649). Auch die Höllenbilder im Campo Santo zu Pisa sowie das zugrunde gegangene in Sta. Croce zu Florenz sind von Vasari dem Andrea Orcagna zugeschrieben worden, was zu Goethes Zeit noch ohne weitere Prüfung als richtig angenommen wurde, so daß uns hier die neueren Untersuchungen über die wirklichen Urheber dieser Pisaner und Florentiner Fresken weiter nicht berühren. Engen und beabsichtigten Anschluß an Dante zeigt eigentlich nur das (erhaltene) Florentiner Bild, während das Pisaner starke Abweichungen von Dantes Schilderungen aufweist, worauf besonders Volkmann (Bildliche Darstellungen zu Dantes Div. Com., Leipzig 1892, S. 54 f.) mit allem Nachdruck hingewiesen hat. Über Dantes Einfluß auf die Kunst seiner Zeit, insbesondere auf Giotto vgl. die schöne Antrittsrede von Hubert Janitschek: Die Kunstlehre Dantes und Giottos Kunst, Leipzig 1892. — In seiner eigenen Kupferstich-Sammlung besaß Goethe keine Blätter nach Orcagna, wie mir (übereinstimmend mit Schuchardts

Verzeichnis) auf meine Anfrage vom Goethe-National-Museum gütigst bestätigt wurde. Dagegen war das große Kupferwerk Lasinios über den Campo Santo zu Pisa, dessen Bedeutung für die Szenerie des II. Faust-Abschlusses Dehio (Goethe-Jahrbuch VII, 571 ff.) überzeugend klargelegt hat, im Besitze des Herzogs Karl August und längere Zeit leihweise in Goethes Händen. Das Werk erschien aber erst in den Jahren 1816—1822. Vgl. unten zu Nr. 32—38.

1805.

6. Dresden, bei Gerlach: Ugolino Gherardesca, ein Trauerspiel, herausgegeben von Böhlendorff. 1801. 188 S. gr. 8.

Wenn das außerordentliche Genie etwas hervorbringt, das Mit- und Nachwelt in Erstaunen setzt, so verehren die Menschen eine solche Erscheinung durch Anschauen, Genuß und Betrachtung, jeder nach seiner Fähigkeit; allein da sie nicht ganz untätig bleiben können, so nehmen sie öfters das Gebildete wieder als Stoff an und fördern, welches nicht zu leugnen ist, manchmal dadurch die Kunst.

Die wenigen Terzinen, in welche Dante den Hungertod Ugolinos und seiner Kinder einschließt, gehören mit zu dem Höchsten, was die Dichtkunst hervorgebracht hat: denn eben diese Enge, dieser Lakonismus, dieses Verstummen bringt uns den Turm, den Hunger und die starre Verzweiflung vor die Seele. Hiermit war alles getan, und hätte dabei wohl bewenden können.

Gerstenberg kam auf den Gedanken, aus diesem Keim eine Tragödie zu bilden, und obgleich das Große der Dantischen Darstellung durch jede Art von Amplifikation verlieren mußte, so faßte doch Gerstenberg den rechten Sinn . . . .

I. Druck: Jen. Allg. Literaturzeitung Nr. 38, 14. Februar 1805. — W. A. XL, 319 f.

Auch an Friedrich Heinrich Jacobi schreibt Goethe fast gleichzeitig (19. April 1805) über Gerstenbergs Ugolino: „Ich habe das Stück bei dieser Gelegenheit wieder durchgelesen und es auch nach meinen jetzigen Einsichten und Überzeugungen bewundern müssen" (W. A. IV. Abt. XVII, 272). Über Gerstenbergs Drama in seinem Verhältnis zu Dante vgl. meine Ausführungen in der Zeitschrift f. vergl. Lit.-Gesch. IX, 486 f. Goethes Anschauung deckt sich im wesentlichen mit der Lessings, der an Gerstenberg am 25. Februar 1768 über den Ugolino geschrieben hatte (Lachmann-Muncker XVII, 244f., von mir zitiert a. a. O. S. 182), nur daß Goethe den größeren Nachdruck auf Dantes Kürze gegenüber der Länge Gerstenbergs, Lessing den größeren Nachdruck auf die verschiedene Behandlung: epische Vergangenheit gegenüber dramatischer Gegenwart, also auf den „Unterschied der Gattung" legt. Goethe selbst hat Lessings Brief über Gerstenbergs Ugolino und damit auch die darin enthaltenen Äußerungen Lessings über Dante zum ersten Male veröffentlicht im Intelligenzblatt der Jenaer Allgemeinen Literaturzeitung 1805, Nr. 57 und 58 vom 27. und 29. Mai. (Siehe Lachmann-Muncker XVII, 245.) — Vgl. auch die Bemerkungen zu Nr. 23.

7. Anmerkungen über Personen und Gegenstände, deren in dem Dialog Rameaus Neffe erwähnt wird.

Dorat, geb. 1736, gest. 1780.

Dorat konnte diesen Lockungen [des Theaters] nicht entgehen, um so mehr, da er anfangs sehr beliebt und vorgeschoben ward; allein sein Glück war nicht von Dauer, er ward herabgesetzt und befand sich in dem traurigen Zustand des Mißbehagens mit so vielen andern, mit deren Zahl man, wo nicht einen Platz in Dantes Hölle, doch wenigstens in seinem Fegfeuer besetzen konnte. (Siehe Marivaux.)

I. Druck: Rameaus Neffe. Ein Dialog von Diderot. Aus dem Manuskript übersetzt und mit Anmerkungen begleitet von Goethe. Leipzig, bei G. J. Göschen 1805, S. 397. — W. A. XLV, 168.

Der Verweis auf die Anmerkung über Marivaux (W. A. a. a. O. S. 179f.) bezieht sich nur auf die Ähnlichkeit im Schicksale beider Dichter, die beide als kurze Zeit beim Publikum beliebte, dann aber bald wieder völlig fallen gelassene Bühnenschriftsteller erscheinen.

1807.

8. Tagebuch. 12. Oktober 1807.

Nachmittage Prof. Fernow, der seinen Dante überbrachte.

W. A. III. Abt. III, 284.

La Divina Commedia di Dante Alighieri esattamente copiata dalla edizione Romana del P. Lombardi. S'aggiungono le varie lezioni, le dichiarazioni necessarie, e la Vita dell'Autore nuovamente compendiata da C. L. Fernow. 3 Bände.

Jena presso Federico Frommann 1807. — Für Fernows vielseitige Anregungen zur Beschäftigung mit italienischer Literatur und Sprache zeugen eine Reihe Stellen Goethes z. B. in dem Briefe an Wilhelm v. Humboldt vom 30. Juli 1804 („er belebt die Liebe zur italienischen Literatur und gibt zu geistreicher Lektüre und Gesprächen Anlaß" Br. XVII, 172) oder Äußerungen in den Tag- und Jahresheften für 1804 (W. A. XXXVI, 264), 1806 (ebda. XXXV, 262), 1807 („Fernows Gegenwart erhielt unsere italienischen Studien immer lebendig" ebda. XXXVI, 387), 1808 („Fernow starb... Sein Verlust war groß für uns, denn die Quelle der italienischen Literatur, die sich seit Jagemanns Abscheiden kaum wieder hervorgetan hatte, versiegte zum zweiten Male" ebda. XXXVI, 41) und in den Tagebüchern, wo z. B. gemeinsame Beschäftigung Goethes und Fernows oder solche des durch Fernow dazu angeregten Dichters allein mit Ariosts Satiren, Sonetten und Komödien mehrfach im August 1807, mit einer Komödie Gozzis am 29. September 1807, mit Ariosts Leben am 3. Januar 1808, mit neuen italienischen Sonetten am 4. Mai 1808 vermerkt wird. Fernows eigene Veröffentlichungen aus dem Gebiete der italienischen Literatur und Sprache sind, abgesehen von der obigen Dante-Ausgabe: Italienische Sprachlehre für Deutsche. Tübingen 1804 (2. Auflage 1815). — Ausgabe von Ariosto, Orlando furioso. 5 Bde. Jena 1805. — Ausgabe von Petrarca, Le Rime. 2 Bde. Jena 1806. — Römische Studien. 3 Bde. Zürich 1806—1808. — Ariostos des Göttlichen Lebenslauf. Zürich 1809. — Ausgabe von Tasso, La Gerusalemme liberata. 2 Bde. Jena 1810. — Francesco Petrarca. Nebst dem Leben des Dichters ed. L. Hain. Leipzig 1818. — Karl Ludwig Fernow (1763—1808) war als Nachfolger Christian Joseph Jagemanns von 1804 bis zu seinem frühen Tode Bibliothekar der Herzogin Amalia.

1808.

9. Gespräch mit Riemer, im Januar 1808.

„Durch das jetzt in Deutschland allgemein verbreitete Interesse an Kunst und Poesie wird weder für diese beiden noch für die Erscheinung eines originalen und ersten und einzigen Meisterwerks etwas gewonnen. Der Kunstgenius produziert zu allen Zeiten, in mehr oder minder geschmeidigem Stoff, wie die Vorwelt Homer, Äschylos, Sophokles, Dante, Ariost, Calderon und Shakespeare gesehen hat [Zusatz Riemers: die Mitwelt Goethe und Schiller]; es ist nur dies der Unterschied, daß jetzt auch die Mittelmäßigkeit und die sekondären Figuren drankommen und alle untern Kunsteigenschaften, die zur Technik gehören. Es wird nun auch im Tale licht, statt daß sonst nur die hohen Berggipfel Sonne trugen."

I. Druck: Briefe von und an Goethe, ed. Riemer. Leipzig 1846. S. 320 f. — Goethes Gespräche, ed. Biedermann II, 194 f.

1809.

10. Goethe an J. H. Meyer. Jena, den 11. August 1809.

Das Wundersamste, mir bisher ganz Unbekannte darunter ist der durch die Posaune von oben aufgeschreckte Weltmensch, ein Bild von der ersten und seltsamsten Großheit. Warum mußten doch die Zeichnungen von Michelangelo zum Dante verloren gehen!

W. A. IV. Abt. XXI, 30.

Es handelt sich um Kupferstiche. Vgl. Tageb. 1809, 2. August (Jena): „Zu Hause fand ich die Sendung von Weimar, sowohl die Perouxische als Meyersche; letztere von alten Kupferstichen." 3. August: „Die alten Kupferstiche näher betrachtet", 4. August: „Alte Kupfer", 5. August: „Abends Major von Knebel, welcher die Hendelschen Stellungen und einige Kupfer besah." (W. A. III. Abt. IV, 48—50.) — Wahrscheinlich handelt es sich bei dem oben erwähnten Blatt um einen Stich einer Gruppe aus Michelangelos „Jüngstem Gericht". Doch kann ich das richtige Blatt weder aus Goethes Besitz an Michelangeloblättern noch sonst nachweisen. Goethes Eigentum an Stichen nach dem „Jüngsten Gericht" des Buonarotti verzeichnet Schuchardt, Goethes Kunstsammlungen, Jena 1848, I, 16 f. in den Nummern 133—137, dazu noch S. 19, Nr. 155 eine Lithographie Strixners nach einem Blatt der Münchener Graphischen Sammlung, das aber nicht eine Originalstudie Michelangelos zum Jüngsten Gericht, vielmehr eine spätere Zeichnung nach diesem ist. — Michelangelos Vertrautheit mit Dante ist bekannt, seine Zeichnungen zu Dante dagegen sind ein strittiges Kapitel. Die Angabe, daß er ein Exemplar der Div. Comm. in der Ausgabe Landinos (Florenz 1481) mit Randzeichnungen geschmückt habe, dieses Exemplar aber, im Besitze des Bildhauers Montauti, bei einem Schiffbruch im mittelländischen Meere zugrunde gegangen sei, stammt aus später Quelle, nämlich aus einer Notiz des Monsignore Bottari zu Vasaris Leben Michelangelos in der Ausgabe Roma 1760 (III, 252,

Anm. 2), während frühere Berichterstatter nichts davon wissen. Die Zweifel, die Franz Xaver Kraus (Dante S. 618) gegen die früher durchweg auf Treu und Glauben übernommene Geschichte ausspricht, erscheinen sehr berechtigt. Ihnen schließt sich auch Ernst Steinmann an in seinem monumentalen Werke „Die sixtinische Kapelle" (Bd. II Michelangelo. München 1905, S. 567, Anm. 2), welches in zwei wertvollen Kapiteln „Michelangelos Verhältnis zu Dante" und „Dantes Einfluß auf das Jüngste Gericht" behandelt.

1811.

11. Tagebuch. 17. März 1811.

Flaxmans Umrisse.
W. A. III. Abt. IV, 191.

Zur Sache vgl. Nr. 3. Es läßt sich aus dieser kurzen Erwähnung nicht ersehen, ob Goethe alle drei Folgen (Dante, Homer, Äschylus) vorgehabt oder nur einzelnes davon. Die Beziehung auf Dante bleibt somit fraglich. Vielleicht sind die Blätter damals in seinen Besitz gekommen.

1812.

12. Goethe an Herzog Karl August. 14. November 1812.

So wird auch nach seiner [Prof. Dietrich Georg Kiesers] Zeichnung und unter seiner Anleitung ein Modell verfertigt von einem Schlammbade, um anschaulich zu machen, wie ein Zustand, der eigentlich ein Kapitel in Dantes Hölle abgeben sollte, erträglich und für kranke Personen wünschenswert gemacht wird.

Untertänigster Nachtrag zum Briefe vom 14. November 1812.
W. A. IV. Abt. XXIII, 147 f.

In Schlamm und Morast des Sumpfes Styx stecken in Dantes Hölle die Zornmütigen, wie Inf. VII, 97 ff. schildert. Vgl. bes. Vers 106—111 und 127—129. Doch scheint Goethes Ausdruck, „der eigentlich ein Kapitel in Dantes Hölle abgeben sollte", darauf hinzudeuten, daß er diese Stellen nicht kannte oder doch sich ihrer damals nicht erinnerte.

1816.

13. Goethe an J. G. Schadow. 27. Dezember 1816.

Für Ihren früheren Brief vom 12. November a. c. danke aufs verbindlichste; es war mir höchst merkwürdig zu sehen,

mit welchen Gegenständen sich die Künstler abgeben, und daß doch noch manches Vernünftige darunter ist; der Unsinn nach Dante ist mir auch willkommen, denn man wird nun nach und nach einsehen lernen, wohin uns falsche Wege führen.
W. A. IV. Abt. XXVII, 290.

Schadow hatte den Katalog der Berliner Kunstausstellung, über welche er in seinem Buche „Kunst-Werke und Kunst-Ansichten" (Berlin 1849) ziemlich abfällig berichtet, an Goethe geschickt (vgl. W. A. a. a. O. S. 438). Zur Sache vgl. Nr. 14. 22.

1817.

14.   **Zum Schluß.**

... Von dem kränklichen Klosterbruder hingegen und seinen Genossen, welche die seltsame Grille durchsetzten, „merkwürdige Werke ganz neuer Art, Hieroglyphen, wahrhafte Sinnbilder, aus Naturgefühlen, Naturansichten, Ahndungen willkürlich zusammengesetzt, entfernt von der alten Weise der Vorwelt", zu verlangen, rechnen wir kaum zwanzig Jahre, und dieses Geschlecht sehen wir schon in dem höchsten Unsinn verloren. Zeugnis hievon ein zur Berliner Ausstellung eingesendetes, aber nicht aufgestelltes Gemälde, nach Dante:

(Man bittet umzukehren.)
[Das Folgende auf einer eigenen Seite, durch dreifache Umrahmung besonders hervorgehoben.]

Lebensgroße Figur mit grüner Haut. Aus dem enthaupteten Halse spritzt ein Blutquell, die Hand des rechten, ausgestreckten Armes hält den Kopf bei den Haaren, dieser, von innen glühend, dient als Laterne, wovon das Licht über die Figur ausgeht.

I. Druck: Über Kunst und Altertum. Zweites Heft. Stuttgart 1817. S. 215 f. — W. A. XLIX^1, 59 f.

Der Druck in W. A. schließt sich unmittelbar an die mit W. K. F. unterzeichneten bekannten Ausführungen „Neu-deutsche religios-patriotische Kunst" an, während diese in K. u. A. als I stehen, unsere Stelle aber den Schluß von IV („Aus verschiedenen Fächern Bemerkenswertes") und damit auch den Schluß des ganzen Heftes bildet. Der große Aufsatz rührt bekanntlich, wenn auch Goethe, wie die Chiffre-Unterschrift der „Weimarer Kunstfreunde" beweist, sich mit

dem Inhalte durchaus einverstanden erklärte, in der Form von
Heinrich Meyer her. Dieser Schluß des Heftes dagegen
dürfte auch in der Form von Goethe selbst stammen. Vgl.
W. A. XLIX², 285. Das in „ " gesetzte Zitat ist aus
Friedrich Schlegels „Europa" (II², 144), aus den abschließenden Betrachtungen der durch mehrere Hefte sich hinziehenden „Nachrichten von Gemälden", worin allerdings Wackenroders naive, aus inniger Herzensüberzeugung hervorgegangene Anschauungen in echt Schlegelscher Weise übertrieben werden (vgl. dazu meine Schrift: „Die Gebrüder A. W. und Friedr. Schlegel in ihrem Verhältnis zur bildenden Kunst." München [jetzt Berlin] 1897, bes. S. 131 f.) — Gegen diese so überaus scharfe Verurteilung des Malers des Dantebildes, das, wie Goethe durch Direktor Schadow erfahren hatte (vgl. Nr. 13), 1816 von der Berliner Kunstausstellung war zurückgewiesen worden, wandte sich Achim von Arnim in seinem Brief an Goethe vom 15. Juni 1817, in dem er auch Wackenroder verteidigt: „Der Schoppe, so heißt der Berliner Künstler, der das Bild nach Dante malte, dessen der II. Band der Rheinreise erwähnt, soll von Wackenroder, wie ich höre, gar nichts gewußt haben; er malte nach Dante, weil er Italienisch lernte und niemand ihm etwas Besseres zum Malen aufgab. Michelangelo zeichnete einen Band voll Randzeichnungen zum Dante und hegte wohl so wenig wie Schoppe eine kränkliche Religiosität. Schoppe ist hier bei allen verschiedenartigsten Meistern als einer der geschicktesten Schüler der hiesigen Kunstschule bekannt, jenes Bild soll in aller Hinsicht in Zeichnung und Beleuchtung höchst lobenswert gewesen sein und wurde nur wegen des gemischten Frauenzimmerpublikums, das die Ausstellung besucht, von derselben zurückgehalten. Übrigens kenne ich weder den Mann noch sein Bild...." (Schriften der Goethe-Gesellschaft XIV, 153 f.). — Über Julius Schoppe, der in späteren Jahren andere Wege ging, als Pensionär der Berliner Akademie der Künste bei längerem Aufenthalt in Rom Raffael, Correggio und Tizian kopierte, nach seiner Rückkehr Mitglied und später Professor der Berliner Akademie wurde und als Porträtist, Figurenmaler und Landschafter sich betätigte, siehe Naglers Künstlerlexikon XV, 500 f. Das von den W. K. F. mit so starkem Tadel beanstandete Gemälde vermag ich nicht nachzuweisen. Die zugrunde liegende Dantestelle ist Inf. XXVIII, 118 ff.; der in so gräßlicher Weise gestrafte Bertrand von Bornio. Übrigens haben auch andere Künstler die Stelle illustriert, z. B. Genelli auf Blatt 15 seiner „Umrisse zu Dantes Göttlicher Komödie" (gestochen von H. Schütz. Neue Ausgabe von Jordan, Leipzig 1867). — Daß gerade die Nazarener in ihren Bildern

gerne an Dante anknüpften, ist bekannt; es genügt hier, Namen wie Cornelius, J. A. Koch, Veit, Führich, Vogel von Vogelstein zu nennen und an das von Philipp Veit, Koch und Führich ausgemalte Dantezimmer der Villa Massimi in Rom zu erinnern. — Über die in dem Briefe A. v. Arnims erwähnten Zeichnungen Michelangelos zu Dante vgl. oben zu Nr. 10. — Für die Anordnung des Druckes der betreffenden Seite in „Kunst und Altertum" gibt Goethe selbst ganz genaue Anweisung: „Nach meiner Absicht würde die Seite mit einem Perlenstäbchen eingefaßt, worin die Beschreibung des närrischen Gemäldes alsdann zu stehen käme" (An C. F. E. Frommann, 2. März 1817. W. A. IV. Abt. XXVIII) und: „Die Skizze des absurden Bildes käme auf die letzte Seite. Hat die Offizin nicht ein Rähmchen, das ein bißchen schmucker ist, man hat ja so artige Perlstäbchen u. dgl." (ebenso 18. März 1817, ebda. S. 25).

1820.

15. Klassiker und Romantiker in Italien, sich heftig bekämpfend.

Daß in Italien jene Kultur, die sich von den alten Sprachen und den darin verfaßten unnachahmlichen Werken herschreibt, in großer Verehrung stehe, läßt sich gar wohl denken; ja daß man auf diesem Grunde, worauf man sich erbaut, nun auch allein und ausschließlich zu ruhen wünscht, ist der Sache ganz gemäß; daß diese Anhänglichkeit zuletzt in eine Art Starrsinn und Pedanterie auslaufe, möchte man als natürliche Folge gar wohl entschuldigen. Haben doch die Italiener in ihrer eigenen Sprache einen solchen Widerstreit, wo eine Partei an Dante und den früheren, von der Crusca zitierten Florentinern festhält, neuere Worte und Wendungen aber, wie sie Leben und Weltbewegung jüngeren Geistern aufdringt, keineswegs gelten läßt.

I. Druck: Über Kunst und Altertum. 1820. II², 103. — W. A. XLI¹, 134.

Auf die damalige italienische Literaturbewegung war Goethe vor allem durch seine Teilnahme an Manzoni hingewiesen worden, dessen Trauerspiel „Der Graf von Carmagnola" ihn 1820 viel beschäftigte. Diese vom Studium Shakespeares befruchtete historische Tragödie, welche die altehrwürdige Fessel der drei Einheiten abstreifte, war für Italien von epochaler Bedeutung. Bekanntlich hat sie Goethe in seiner Kritik in Kunst und Altertum sehr günstig besprochen. (1820 II³, 35 ff., 1821 III², 60 ff. Vgl. W. A. XLII¹, 135—181.)

1820.
16. **Voß contra Stolberg.**
1820.

Voß contra Stolberg! ein Prozeß
Von ganz besonderm Wesen,
Ganz eigner Art; mir ist indes,
Das hätt' ich schon gelesen.
5 Mir wird unfrei, mir wird unfroh
Wie zwischen Glut und Welle,
Als läs' ich ein Capitolo
In Dantes grauser Hölle.

*

Gleichnisse dürft ihr mir nicht verwehren,
10 Ich wüßte mich sonst nicht zu erklären.

I. Druck: Goethes poetische und prosaische Werke. 2 Bde. Stuttgart u. Tübingen, Cotta. 1836/37. I, 137a. — W. A. V¹, 186.

Auf das Zerwürfnis zwischen Voß und Fritz Stolberg, das eine Folge des Übertritts Stolbergs zum Katholizismus war, näher einzugehen, liegt hier keine Veranlassung vor. Goethe selber hat sich darüber ausgesprochen in den Tages- und Jahresheften 1820 (W. A. XXXVI, 177 f.) und in: Biographische Einzelheiten. Voß-Stolberg 1820 (W. A. XXXVI, 283 f.). Interessant ist außerdem die Briefstelle an C. L. v. Knebel vom 29. Dez. 1819: „Der Tod Stolbergs frappiert jedermann, weil er so nah auf Voßens Unarten erfolgt. Unmöglich ist es nicht, daß ein so zarter Mann wie Friedrich Leopold, der am Ende seine besten Intentionen so schändlich vor die Welt geschleift sieht, davon einen tödlichen Schmerz empfinden mußte" (W. A. IV. Abt. XXXII, 132). — Der Ausdruck „unfrei" in V. 5 dürfte ein beabsichtigter Anklang sein an den Titel der Schmähschrift von Voß: „Wie ward Fritz Stolberg ein Unfreier?" 1819.

1821.
17. **Eigenes und Angeeignetes in Sprüchen.**

Metamorphose im höheren Sinn durch Nehmen und Geben, Gewinnen und Verlieren, hat schon Dante trefflich geschildert.

I. Druck: Über Kunst und Altertum III¹, 31. — Vgl. W. A. II. Abt. XIII, 176 [wo jedoch die Worte „Gewinnen und Verlieren" fehlen].

Goethe denkt an die von alters her berühmte Stelle: Inf. XXV, 43—141. Vgl. Nr. 51, 52.

18. **Tag- und Jahreshefte. 1821.**

Aus Italien gelangte nur wenig in meinen Kreis: Ildegonda von Grossi erregte meine ganze Aufmerksamkeit, ob ich gleich nicht Zeit gewann, öffentlich darüber etwas zu sagen. Hier sieht man die mannigfaltigste Wirksamkeit eines vorzüglichen Talents, das sich großer Ahnherren rühmen kann, aber auf eine wundersame Weise. Die Stanzen sind ganz fürtrefflich, der Gegenstand modern unerfreulich, die Ausführung höchst gebildet nach dem Charakter großer Vorgänger: Tassos Anmut, Ariosts Gewandtheit, Dantes widerwärtige, oft abscheuliche Großheit, eins nach dem andern wickelt sich ab. Ich mochte das Werk nicht wieder lesen, um es näher zu beurteilen, da ich genug zu tun hatte, die gespensterhaften Ungeheuer, die mich bei der ersten Lesung verschüchterten, nach und nach aus der Einbildungskraft zu vertilgen.
I. Druck: Goethes Werke A. 1. H. 1830. XXXII, 195 f. — W. A. XXXVI, 194.

Ildegonda, Novella di Tommaso Grossi erschien zuerst im Jahre 1820. Mir liegt nur die terza edizione Milanese von 1825 vor. Das Tagebuch Goethes notiert am 3. Januar 1821: „Nach Tische Ildegonda Novella di T. Grossi" (W. A. III. Abt. VIII, 2). Der in Bellano bei Como 1791 (am 20. Januar) geborene Dichter war seines Zeichens Jurist, lebte als Advokat in Mailand und starb daselbst am 10. Dezember 1853, bekannt als Verfasser der historischen Verserzählung „I Lombardi alla prima crociata" (15 Gesänge, Milano 1826) und mehr noch als Dichter des noch heute populären geschichtlichen Romanes „Marco Visconti" (1834).

1823.

19. Goethe an Staatsrat Schultz. Weimar, den 7. Mai 1823.

Die Gipssendung ist glücklich angekommen. Dante scheint mir auch ein Kunstwerk, aber sehr nahe an der Natur; der kleine Bacchus ist himmlisch, der Tänzer, wahrscheinlich eine Bronze, höchst schätzenswert. Können Sie mir ähnliche kleine Dinge von Zeit zu Zeit zusenden, so verpflichten Sie mich höchlich...
Briefwechsel zwischen Goethe und Staatsrat Schultz, ed. Düntzer, Leipzig 1853. S. 272. — W. A. IV. Abt. XXXVII, 36.

19a. Nun noch eine Anfrage: Ich habe eine Gipssendung von Berlin erhalten, Dantes Maske, einen Tänzer nach Bronze gegossen, ingl. einen kleinen Bacchuskopf von großer Zierlichkeit; wem bin ich diese Sendung schuldig, und wollten Sie wohl den Dank dafür übernehmen?
W. A. IV. Abt. XXXVII, 318.

Vgl. Tageb. 30. April 1823: „Es waren Gipse von Berlin angekommen" (W. A. III. Abt. IX, 44). Daß darunter eine Dante-Maske war, ergibt die obige, eben erst bekannt gewordene ursprüngliche Fassung der Briefstelle. Schuchardt (Goethes Kunstsammlungen II, 343, Nr. 269a) nennt: „8 verschiedene Totenmasken", darunter „Dante". In der Sammlung des Goethe-National-Museums befindet sich der Gipsabguß einer Dante-Maske (im sog. „zweiten Sammlungszimmer"); darf ich meiner Erinnerung trauen, so ist es eine Wiedergabe der sog. Torrigiani-Maske (Abb. bei Kraus, Dante S. 184, Fig. 11), die jetzt in den Uffizien (Florenz) aufbewahrt wird. Sie galt lange als Totenmaske und ist von allerlei Legenden umwoben, dürfte aber sicher eine spätere Künstlerarbeit aus dem 15. Jahrhundert sein. Vgl. besonders H. Welckers Aufsatz „Der Schädel Dantes" (Dante-Jahrb. I, 34 ff.) und dazu K. Wittes Notizen „Die Totenmaske" (ebda. 57 ff.), sowie Kraus (a. a. O. S. 185 ff.). Hermann Grimm (Fragmente I, 308) sagt geradezu: „An die sogenannte Totenmaske des Dichters... wird heute niemand mehr glauben". Eine neue, kurz zusammenfassende Behandlung der Dantebildnisse in Malerei und Plastik bis auf Raffael gibt Dr. Ingo Kraus in drei reich illustrierten Aufsätzen (Hugo Helbings Monatsberichte für Kunstwissenschaft und Kunsthandel, 1902, II, 2 f., 53 f., 319 f.). Die guten Abbildungen geben alles wünschenswerte Material, Tafel 102 die Torrigianimaske. Auch Kraus, der diese dem Quattrocento zuteilt, weist den Gedanken an eine Totenmaske ab (a. a. O. S. 320 f.). So hätte denn auch hier des alten Dichters in künstlerischen Dingen so erstaunlich sicherer Blick („ein Kunstwerk", d. h. also kein Naturabguß) das Richtige getroffen, wenn auch das folgende „aber sehr nahe an der Natur" immer noch zu weit geht; wahrscheinlich ließ sich Goethe hierbei durch die Bezeichnung als Totenmaske verführen. Eine Anfrage beim Goethe-National-Museum (insbesondere um ganz sicher zu gehen, daß wirklich ein Abguß der Torrigiani-Maske vorliege), ergab leider keine weitere Aufklärung. — Der in obiger Stelle erwähnte „kleine Bacchus" dürfte identisch sein mit Nr. 112 bei Schuchardt II, 335, „der Tänzer" vielleicht mit Nr. 97 ebenda.

20. Tagebuch. **7. Dezember 1823.**

Betrachtung eines von Demoiselle Seidler gesendeten Kupferwerkes die drei Türen am Baptisterium zu Florenz enthaltend. Ingleichen zwei Kupfer von Koch nach Dante.
W. A. III. Abt. IX, 152.

Der Tiroler Joseph Anton Koch (1768—1839) hat sich viel mit Dante beschäftigt, auch im Dantezimmer der Villa Massimi zu Rom, dessen Decke von Peter von Cornelius entworfen (Umrisse zu Dantes Paradies, publiziert 1830), von Philipp Veit in anderer Weise ausgeführt wurde, 1825—1830 die Wände ausgemalt. Seine Dantezeichnungen, die gegen hundert Blätter umfassen sollen, befinden sich teils in der kgl. Sekundogenitur-Bibliothek zu Dresden, teils in der Albertina zu Wien. Ein Blatt aus dieser Sammlung „Ugolino im Gefängnis" ist reproduziert von Knackfuß (Deutsche Kunstgeschichte. Bielefeld und Leipzig 1898. S. 381) und bei Kraus (Dante 1897, S. 629). Einige wenige Blätter wurden 1863 in sehr verkleinertem Maßstabe vom Photographischen Atelier in München herausgegeben. Goethe mochte schon 1805 durch Aug. Wilh. Schlegels „Schreiben an Goethe über einige Arbeiten in Rom lebender Künstler" (Intelligenzblatt der Jen. Allg. Lit.-Ztg., Nr. 120 und 121 vom 23. und 28. Oktober. S. W. IX, 231 ff.) auf Koch und seine dort besonders hervorgehobenen Dante-Zeichnungen aufmerksam geworden sein. Inzwischen waren 1807 und 1808 vier Blätter von Koch selbst radiert erschienen, nämlich: 1. Dante mit den drei wilden Tieren (Inf. I), [reproduziert bei Knackfuß a. a. O. S. 382, bei Kraus, Dante, S. 631], 2. Charon und der seelentragende Nachen (Inf. III), 3. der Streit des Satans mit St. Franziskus um die Seele Guido von Montefeltros (Inf. XXVII), 4. Dante auf dem Rücken des Zentauren Nessus durch den höllischen Blutstrom getragen (Inf. XII). Dazu kommt noch ein kleineres Blatt: 5. die Strafe der Diebe in der Hölle (Inf. XXIV, XXV). Endlich hat Koch das eine Hauptbild in der Villa Massimi „Die Pforte im Fegefeuer mit dem Nachen der Seligen" (Purg. II) in Umrissen lithographiert für das Werk des Grafen Raczynski, Geschichte der neueren deutschen Kunst. Berlin 1841. Bd. III. Mappe. Blatt XII (vgl. Textband III, 304). Vgl. zur Sache: Sulger-Gebing, Die Brüder A. W. und Friedr. Schlegel in ihrem Verhältnis zur bildenden Kunst. München (Berlin) 1897, S. 152, und ergänzend dazu F. X. Kraus, Dante, Berlin 1897, S. 627—631, auch die ausführliche Behandlung Kochs bei Raczynski a. a. O. S. 300—307. Schuchardt (Goethes Kunstsammlungen I, 129, Nr. 256) nennt nur: 2 Blätter aus einer Folge von 4 Blättern Darstellungen aus der göttlichen Komödie des Dante usw. ohne Angabe des Dargestellten. Laut freundlicher Mitteilung aus dem Goethe-National-Museum sind es die zwei oben als 2 und 4 genannten Blätter, beide schöne figurenreiche Kompositionen. 2 zeigt außer dem den Mittelpunkt bildenden Nachen des Charon, der selber die zögernden Seelen mit dem Schlag seines Ruders in den Kahn treibt, im Hintergrunde das Fähnlein der Indifferenten (Inf. III, 34 ff.), dem diese in großer Zahl (III, 55 ff.) folgen, ganz im Vordergrunde den schlafenden Dante am Boden ausgestreckt (III, 136), Virgil hinter ihm sitzend und ihn beobachtend, rechts einen antik stilisierten Flußgott mit strömender Urne. — 4 gibt als Mittelgruppe Dante auf dem Rücken des Nessus, von Virgil begleitet, im Vordergrunde die Tyrannen im Blutstrom, weiter im Mittelgrunde die bewegte Schar der Zentauren und Dantes und Virgils erste Begegnung mit ihnen, im Hintergrunde die beiden Dichter vor dem Minotaurus, all das nach Inf. XII, 1—139, außerdem noch ganz hinten Dante und Virgil, am Felsengrab des Papstes Anastasius nach Inf. XI, 1—9.

1824.

21. Bücher-Vermehrungsliste. Juli 1824.

Die Hölle des Dante Alighieri, übersetzt von Streckfuß. Halle 1824. Vom Übersetzer.

W. A. III. Abt. IX, 337.

Es handelt sich um die erste Ausgabe der bekannten Übersetzung. „Das Fegefeuer" folgte ebda. 1825, „Das Paradies" 1826. Der erste Band trägt laut gütiger Mitteilung aus dem Goethe-National-Museum folgende Widmung: „Sr. Exzellenz dem Herrn Staatsminister von Goethe ehrfurchtsvoll überreicht vom Übersetzer. — Berlin, den 7. Juli 1824." — Über Goethe und Streckfuß vgl. Nr. 28—31 und 32—38.

22. Zahme Xenien. III.

Künstler! zeiget nur den Augen
Farben-Fülle, reines Rund!
Was den Seelen möge taugen,
Seid gesund und wirkt gesund.

Entweicht, wo düst're Dummheit gerne schweift,
Inbrünstig aufnimmt, was sie nicht begreift;

Wo Schreckens-Märchen schleichen, stutzend fliehn,
Und unermeßlich Maße lang sich ziehn.

Modergrün aus Dantes Hölle
Bannet fern von eurem Kreis,
Ladet zu der klaren Quelle
Glücklich Naturell und Fleiß.

Und so haltet, liebe Söhne,
Einzig euch auf eurem Stand:
Denn das Gute, Liebe, Schöne,
Leben ist's dem Lebens-Band.

I. Druck: Über Kunst und Altertum. 1824. IV³, 106 f. — W. A. III, 281 f.

Daß diese ganze an die bildenden Künstler, Goethes „liebe Söhne", gerichtete Folge von vier Xenien innerlich zusammengehört, erhellt ohne weiteres. Daß sie als Abwehr gegen die dem klaren Sonnenauge des alten Dichters so verhaßte „neu-deutsche, religios patriotische Kunst" der Romantiker, insbesondere ihrer nazarenischen Gruppe zu fassen sei, liegt nahe genug. Bewiesen aber wird dieses letztere durch den Verweis, der sich nach der Xenie „Modergrün aus Dantes Hölle" in Kunst und Altertum findet: S. K. u. A. I. Band, 2. Heft, 216 S. Diese Stelle siehe oben S. 13, 1817 unter Nr. 14. — Daß auch die „Schreckensmärchen" der Xenie „Entweicht, wo düstr Dummheit gerne schweift" auf Dante deuten sollen, ist in diesem Zusammenhange wohl nicht zu bezweifeln. — Zu dem vielzitierten Ausdruck „Modergrün aus Dantes Hölle", der so oft als stärkster Beweis der Abneigung Goethes gegen Dante angeführt wird, darf an Ferd. Pipers viel mildere Auffassung der Stelle erinnert werden: „Aber nicht zu gedenken, daß man einen scharfen oder etwas übermütigen Ausdruck auch in diesen Xenien nicht gerade wörtlich nehmen darf, liegt darin kein Tadel: Goethe konnte in gleicher Weise von der Nachahmung einer Szene aus der Hexenküche oder der Walpurgisnacht, die er in Faust vorführt, abmahnen, ohne seiner eigenen Dichtung etwas zu vergeben." (Dante und seine Theologie im Evangel. Jahrbuch für 1865, S. 22.)

23. Gespräch mit Kanzler von Müller. 18. November 1824.

„... Daß Byron bei dem Gefangenen von Chillon Ugolino zum Vorbild genommen, ist durchaus nicht zu tadeln, die ganze Natur gehört dem Dichter an; nun aber wird jede geniale Kunstschöpfung auch ein Teil der Natur, und mithin kann der spätere Dichter sie so gut benutzen wie jede andere Naturerscheinung."

I. Druck: Goethes Unterhaltungen mit dem Kanzler von Müller ed. C. A. H. Burkhardt. Stuttgart 1870. S. 94. — Goethes Gespräche ed. Biedermann. V. 107.

Es kann sich, da Goethe von Byron spricht, natürlich nur um den „Ugolino" Dantes (Inf. XXXIII) handeln, nicht aber um Gerstenbergs Trauerspiel. Zum Gedanken vergleiche man auch das Wort Goethes zu Riemer: „Das Gedichtete behauptet sein Recht wie das Geschehene" (Briefe von und an Goethe, hrsg. von Riemer. Leipzig 1866. S. 344), sowie die frühere Äußerung Goethes bei Gelegenheit von Böhlendorffs „Ugolino" 1805. s. oben S. 8 Nr. 6.

24.   Tagebuch. 3. Dezember 1824.

Herr Kanzler von Müller, die Kolossalbüste von Dante vorlegend.

W. A. III. Abt. IX, 303.

**25.   Gespräch mit Eckermann und Kanzler von Müller.
3. Dezember 1824.**

Ich [Eckermann] ging . . . diesen Abend zur Zeit des Lichtanzündens zu ihm. Er saß bei herabgelassenen Rouleaux vor einem großen Tisch, auf welchem gespeist worden und wo zwei Lichter brannten, die zugleich sein Gesicht und eine kolossale Büste beleuchteten, die vor ihm auf dem Tische stand und mit deren Betrachtung er sich beschäftigte. „Nun," sagte Goethe, nachdem er mich freundlich begrüßt, auf die Büste deutend, „wer ist das?" — „Ein Poet und zwar ein Italiener scheint es zu sein," sagte ich. „Es ist Dante," sagte Goethe. „Er ist gut gemacht, es ist ein schöner Kopf, aber er ist doch nicht ganz erfreulich. Er ist schon alt, gebeugt, verdrießlich, die Züge schlaff und herabgezogen, als wenn er eben aus der Hölle käme. Ich besitze eine Medaille, die bei seinen Lebzeiten gemacht worden, da ist alles bei weitem schöner." Goethe stand auf und holte die Medaille. „Sehen Sie, was hier die Nase für Kraft hat, wie die Oberlippe so kräftig aufschwillt, und das Kinn so strebend ist und mit den Knochen der Kinnlade so schön zusammenfließt! Die Partie um die Augen, die Stirn ist in diesem kolossalen Bilde fast dieselbige geblieben, alles übrige ist schwächer und älter. Doch damit will ich das neue Werk nicht schelten, das im ganzen sehr verdienstlich und sehr zu loben ist." ...

Herr Kanzler von Müller ließ sich melden und setzte sich zu uns. Und so kam das Gespräch wieder auf die vor uns stehende Büste des Dante und dessen Leben und Werke. Besonders ward der Dunkelheit jener Dichtungen gedacht, wie seine eigenen Landsleute ihn nie verstanden, und daß es einem Ausländer um so mehr unmöglich sei, solche Finsternisse zu durchdringen. „Ihnen", wendete sich Goethe freundlich zu mir, „soll das Studium dieses Dichters von Ihrem Beichtvater hiermit durchaus verboten sein."

Goethe bemerkte ferner, daß der schwere Reim an jener Unverständlichkeit vorzüglich mit schuld sei. Übrigens sprach Goethe von Dante mit aller Ehrfurcht, wobei es mir merkwürdig war, daß ihm das Wort Talent nicht genügte, sondern daß er ihn eine Natur nannte, als womit er ein Umfassenderes, Ahnungsvolleres, tiefer und weiter um sich Blickendes ausdrücken zu wollen schien.

I. Druck: Gespräche mit Goethe... Von Joh. Peter Eckermann. 1836. I, 118 ff. — Goethes Gespräche, ed. Biedermann V, 112 ff.

Welches die (wohl damals im Besitze Kanzler von Müllers befindliche?) Kolossalbüste Dantes gewesen ist, von der Goethe hier spricht, ist leider nicht mehr festzustellen. Theodor Paur (Dantes Porträt, Dante-Jahrbuch 1869, II, 283 f.) glaubt sie in einer Büste zu finden, die „damals sich im Besitz Herders befand [warum hätte sie dann aber Kanzler von Müller vorgelegt?] und gegenwärtig [d. h. 1869] das Eigentum des Herrn Dr. Huber in Wernigerode ist". Wo sie später hingekommen, ist mir nicht bekannt. Auch Kraus (Dante S. 199 f.) bekennt seine Unwissenheit darüber. Dagegen kennen wir die von Goethe zum Vergleich herangezogene Medaille. Sie befindet sich noch heute im Besitze des Goethe-National-Museums und ist daselbst im ersten Sammlungszimmer im Glaspult am zweiten Fenster ausgestellt. Goethe war sicher im Irrtume, wenn er die Medaille als zu Lebzeiten Dantes gefertigt bezeichnet. Sie dürfte vielmehr erst dem XV. oder sogar dem XVI. Jahrhundert angehören. Schuchardt (II, 64,

Nr. 126) beschreibt die Medaille kurz aber richtig, wie mir auf meine Anfrage beim Goethe-National-Museum freundlicherweise mitgeteilt wurde. Das große Werk von Alfred Armand, Les Médailleurs italiens du quinzième et seizième siècle (3 Bde. Paris 1883—1887) kennt 6 Dantemedaillen der Zeit (I, 10; II, 11; III, 153), von denen die zwei an erster Stelle genannten von Jul. Friedländer dem Vittorio Pisano (Pisanello † 1455 oder 1456) zugeschrieben werden. Mit Schuchardts Beschreibung berührt sich am nächsten die II, 11, Nr. 1 geschilderte Medaille, doch weichen in der Beschreibung der Rückseite die beiden Autoren ganz beträchtlich voneinander ab. Eine Abbildung und eine genaue Beschreibung der Medaille gibt Julius Friedländer in seinem Werke „Die italienischen Schaumünzen des XV. Jahrhunderts", Berlin 1881—1883, auf Tafel 30, Nr. 37 (vorher im Jahrbuch der preuß. Kunstsammlungen, Bd. II) und im Text S. 154 (a. a. O. S. 249) und S. 216. An letztgenannter Stelle ist die einzige ganz genaue, weder bei Schuchardt noch bei Armand völlig richtige Beschreibung der Rückseite; diese gibt aber außer Dante in ganzer Figur nicht nur die andeutende Darstellung von Inferno und Purgatorio, sondern auch, was Friedländer nicht erkannte, die des Paradiso in den von Armand als Regenbogen mißverstandenen, tatsächlich die himmlischen Sphären des Paradieses andeutenden konzentrischen Linien am obern Rande der Medaille. Den Hinweis auf die Veröffentlichung von Friedländer verdanke ich einer liebenswürdigen Beantwortung meiner Anfrage beim kgl. Münzkabinett in Berlin; in dessen Ausstellung im Kaiser-Friedrich-Museum ist die Dante-Medaille als Nr. 155 ausgelegt und wird daselbst (aus mir unbekannten Gründen) dem Niccolo Fiorentino zugeschrieben. — Auffallen muß immerhin, daß Goethe zum Vergleiche mit der Dantebüste des Kanzlers von Müller nicht die damals doch schon in seinem Besitze befindliche vermeintliche Totenmaske Dantes (vgl. oben S. 17f. unter 1823, Nr. 19) heranzog. Übrigens hatte Heinrich Meyer das Alter der Dante-Medaille schon 1810 richtig erkannt. In seinem Aufsatze „Beiträge zur Geschichte der Schaumünzen aus neuerer Zeit. (Wozu vornehmlich das in diesem Fach sehr beträchtliche Kabinett des Herrn Geheimen Rats von Goethe benutzt worden)", der als Programm der Jenaischen Allgemeinen Literatur-Zeitung vom Jahre 1810 mit der Sammelchiffre der W. K. F. unterzeichnet erschien, schreibt er in einer Anmerkung auf S. I: „Kaum glauben wir einer Entschuldigung nötig zu haben, daß wir, um Zeit und Papier zu schonen, als ausgemacht annehmen, die Schaumünzen mit Bildnissen des Petrarca, des Dante und des Boccaccio seien nicht gleichzeitig; ebensowenig einige größere Stücke von verschiedenen Personen aus der Familie der Carraria, Herren von Padua, da jedes geübte Auge denselben leicht ansieht, daß sie Produkte des 16. Jahrhunderts sind."

1826.

26. Tagebuch. 24. April 1826.
Dante von Abeken.

W. A. III. Abt. X, 185.

Bernhard Rudolf Abeken, Beiträge für das Studium der Göttlichen Komödie Dante Alighieris, Berlin und Stettin 1826, enthält: Dantes Zeitalter und sein Leben (S. 1—124). — Abhandlungen über einzelne, die Göttliche Komödie betreffenden Punkte (S. 125—294). — Schauplatz der Göttlichen Komödie und Bedeutung desselben (S. 295—367). - Nachtrag (S. 368–370). Abeken selber berichtet in den wertvollen Erinnerungen und Betrachtungen („Goethe in meinem Leben"), die Adolf Heuermann aus seinem Nachlaß Weimar 1904 herausgegeben hat, daß er dem Exemplar seines Buches, das er Goethe sandte, als Widmung Inf. I, 82—85 einschrieb, aus der Anrede Dantes an Virgil die Worte:

Oh, degli altri poeti onore e lume,
Vagliami 'l lungo studio e 'l grande amore,
Che m 'han fatto cercar lo tuo volume.
Tu se 'l mio maestro e 'l mio autore.

Auch sei auf seine Beschäftigung mit Dante die Liebe zu Goethe und die Beschäftigung mit seinen Werken nicht ohne Einfluß gewesen: „Daß ich Danten als Dichter behandelte, daß ich diesen in seiner großartigen Plastik fand — ich denke hier besonders an die „Hölle" —, daß ich diese Plastik über sein Allegorisieren setzte und mich mit Unwillen von der frömmelnden Schwärmerei abwandte, in der man auch durch ihn, der so erhaben darüber stand, sich bestärkte, das verdanke ich Goethe" (a. a. O. S. 167, 168). Abekens Urteil über Goethes Auffassung Dantes zitiere ich später in anderem Zusammenhange meiner Darstellung. — Abekens schönes Buch über Goethe: „Goethe in den Jahren 1771—1775" ist Hannover 1861, in zweiter Auflage, Hannover 1865, erschienen.

27. **Die elegischen Dichter der Hellenen von Dr. Weber. Frankfurt a. M. 1826.**

... Nun gelangen dessen [des Theognis] rätselhafteste Worte zum klarsten Verständnis, da uns bekannt wird, daß ein Emigrierter diese Elegien gedichtet und geschrieben. Bekennen wir nur im ähnlichen Falle, daß wir ein Gedicht wie Dantes Hölle weder denken noch begreifen können, wenn wir nicht stets im Auge behalten, daß ein großer Geist, ein entschiedenes Talent, ein würdiger Bürger aus einer der bedeutendsten Städte jener Zeit, zusamt mit seinen Gleichgesinnten von der Gegenpartei in den verworrensten Tagen aller Vorzüge und Rechte beraubt, ins Elend getrieben worden.

I. Druck: Über Kunst und Altertum. 1826. V^3, 186. — W. A XLI^2, 213.

Der in dieser Rezension scheinbar weit abliegende Hinweis auf die Lebensumstände Dantes erklärt sich leicht aus Goethes damaliger Lektüre des Buches von Abeken   S. Nr. 26.

28.   Tagebuch. 10. August 1826.

Abends Dante und sonstiges.

W. A. III. Abt. X, 228.

29.   Tagebuch. 11. August 1826.

Aristoteles im Original nachgesehen wegen einer Stelle des Dante. Kleines Gedicht in Gefolg dessen.

W. A. III. Abt. X, 228.

30. Goethe an Zelter. Weimar, den 12. August 1826.

Beilage.

Als ich vor einigen Tagen Herrn Streckfußens Übersetzung des Dante wieder zur Hand nahm, bewunderte ich die Leichtigkeit, mit der sie sich in dem bedingten Silbenmaß bewegte. Und als ich sie mit dem Original verglich und einige Stellen mir nach meiner Weise deutlicher und gelenker machen wollte, fand ich gar bald, daß schon genug getan sei und niemand mit Nutzen an dieser Arbeit mäkeln würde. Inzwischen entstand das kleine Gedicht, das ich in beikommendes Buch einschrieb.

Das Trauerspiel Adelchi möge Herr Streckfuß zu meinem Andenken bewahren ...

31.   Zweite Beilage.

Von Gott dem Vater stammt Natur,
Das allerliebste Frauenbild;

Des Menschen Geist, ihr auf der Spur,
Ein treuer Werber fand sie mild.
Sie liebten sich nicht unfruchtbar:
Ein Kind entsprang von hohem Sinn;
So ist uns allen offenbar:
„Naturphilosophie sei Gottes Enkelin."
Weimar, den 11. August 1826.   G.

Siehe Dante L'Inferno.
Canto XI, 98 sg.

Filosofia, mi disse, a chi l'attende,
Nota, non pure in una sola parte
Come natura lo suo corso prende
Dal divino 'ntelletto e da sua arte:
E se tu ben la tua Fisica note
Tu troverai non dopo molte carte,
Che l'arte vostra quella, quanto puote,
Segue, come 'l maestro fa il discente:
Si che vostr'arte a Dio quasi è nipote.

I. Druck der Verse (ohne Titel und Datierung und ohne Beigabe des italienischen Textes, dafür nur: s. Dante XI, 98): Über Kunst und Altertum. 1827. VI¹, 122. [W. A. IV, 273.] — I. Druck der ganzen Briefstelle: Briefwechsel zwischen Goethe und Zelter. 1834. IV. Teil. S. 199—201.

Diese zusammengehörenden Stellen (Nr. 28—31) geben Auskunft über die Entstehung der Verse „Von Gott dem Vater stammt Natur", die angeregt wurden durch die Beschäftigung mit Dante infolge der Übersetzung von Streckfuß. Das „beikommende Buch" (Nr. 30) ist eben Manzonis Trauerspiel „Adelchi", das 1822 erschienen war und von Goethe als Widmung an Streckfuß mit obigen Versen gesendet wurde. Vgl. am Anfang unseres Briefes: „Für Herrn Streckfuß lege gleichfalls ein Buch bei mit einigen Worten in Reimen und Prosa. Möge er das zu einem Andenken aufbewahren" (a. a. O. S. 197). Die früheren Briefstellen (Zelter an Goethe, 8.—10. Februar 1824 und Goethe an Zelter, 8. März 1824) beziehen sich dagegen auf das durch Ottilie bei der Rückkunft von ihrem Berliner Besuche überbrachte Berliner Taschenbuch für 1824, das von Streckfuß ein (schon 1805 zum erstenmal einzeln veröffentlichtes) hexametrisches Gedicht in vier Gesängen „Ruth" enthielt. Zelter antwortete im Brief vom 29. August 1826: „Einiges aus Deinem letzten Briefe vom 12. d., das Dein Urteil über Streckfußens

Dante betrifft, habe bei der Gelegenheit [Feier von Goethes Geburtstag in Zelters Mittwochgesellschaft] mitgeteilt und große Freude damit gemacht, indem Streckfuß Mitglied dieser Sozietät ist. Dabei bin ich befragt worden, ob Du wohl erlauben würdest, von diesen Deinen Worten einen öffentlichen Gebrauch zu machen, da diese Übersetzung von einem jungen Rezensenten (der Witte genannt wird) ohne Billigkeit angefochten wäre" (a. a. O. S. 203). Karl Witte (geb. 1800), berühmt als Jurist, Danteübersetzer und Danteforscher, hatte eine Rezension der Streckfußschen und Kannegießerschen Übersetzungen der Div. Com. schon 1825 im Lit. Konversationsblatt, Leipzig (Nr. 261) erscheinen lassen. Am 28. April 1827 meldet Zelter an Goethe: „Manzoni ist auch an Streckfuß besorgt, der sich mit seinem Danke an Dich selbst wenden mag" (a. a. O. S. 307), doch bezieht sich diese Stelle nicht auf die Sendung der „Adelchi", sondern auf die der „Opere poetiche di Alessandro Manzoni con prefazione di Goethe" (Jena 1827), wovon Goethe dem Freunde im Briefe vom 23.—25. März 1827 Mitteilung gemacht hatte, und worin auf S. XL—L der Einleitung von den „Adelchi" die Rede ist, deren Text nebst geschichtlicher Einleitung sich S. 123—250 findet. — Im Tagebuche finden wir am 21. April 1827 den Eintrag: „Herrn Professor Zelter nach Berlin, Manzoni und Medaillen" (W. A. XI, 48), und Zelter bestätigt am 28. April in dem eben schon zitierten Briefe: „Die Medaillen und Bücher sind vorgestern abend angekommen und die überschriebenen sogleich an ihre Bestimmung befördert" (a. a. O. S. 307). Später schickte Goethe an Streckfuß auch Manzonis „Promessi Sposi" mit einem Begleitbrief, vgl. unten Nr. 41. — Über den Inhalt des Gedichtes „Von Gott dem Vater stammt Natur" und sein Verhältnis zu Dante siehe unten im Kapitel II. Ein Hinweis auf dieselbe Dante-Stelle wurde im nächsten Jahre nochmals von Goethe verwendet, vgl. Nr. 40. Goethes Zählung ist übrigens ungenau, die zitierte Stelle beginnt mit Vers 97, nicht 98.

32. **Tagebuch. 2. September 1826.**
Diktierte einiges, auf Streckfußens Bemühungen im Übersetzen bezüglich... Dantes 12. Gesang. Original und Übersetzung.

33. **Tagebuch. 3. September 1826.**
Einiges über Dante diktiert.

34. **Tagebuch. 4. September 1826.**
Einiges zu Streckfußens Dante.
W. A. III. Abt. X, 237, 238.

35. Goethe an Zelter. Weimar, den 6. September 1826.

Was ich in bezug auf Dante beilege, lies erst mit Aufmerksamkeit! Hätte das, was ich anrege, unser guter Streckfuß vom Anfange seiner Übersetzung gleich vor Augen gehabt, so wäre ihm vieles, ohne größere Mühe, besser gelungen. Bei diesem Original ist gar manches zu bedenken; nicht allein was der außerordentliche Mann vermochte, sondern auch was ihm im Wege stand, was er wegzuräumen bemüht war; worauf uns denn dessen Naturell, Zweck und Kunst erst recht entgegenleuchtet. Besieh' es genau; wenn Du fürchtest, es möchte ihm weh tun, so erbaue Dich lieber selbst daraus und verbirg es. Indessen, da er gewiß einer neuen Auflage entgegen arbeitet, kann es ihm im ganzen und einzelnen beirätig sein.

... Einiges über Dante, nach vorhergängiger Überlegung Herrn Streckfuß mitzuteilen.

I. Druck: Briefwechsel zwischen Goethe und Zelter. Berlin 1834. IV. Teil. S. 212 f., 215.

36. Über Dante und Streckfuß' Übersetzung der Div. Com.

Als Beilagen zu dem Briefe
vom 6.—9. September 1826 an Zelter geschickt.[1])

Beilage 1.

Bei Anerkennung der großen Geistes- und Gemütseigenschaften Dantes werden wir in Würdigung seiner Werke sehr

---

[1]) Die Abweichungen des Druckes in der A. l. H. (XLVI, 279 ff.) vom obigen, an Zelter geschickten Texte werden hier unter A. l. H. angegeben. Der Abdruck der W. A. (XLII^2, 70 ff.) gibt die obige Fassung, der nur eine (hier an ihrem Orte mitgeteilte) Anmerkung aus einer der Handschriften beigefügt ist. Ferner teile ich aus den Lesarten der W. A. sachlich wertvolle Varianten mit aus den verschiedenen Handschriften, für deren Charakteristik und Beschreibung ich auf W. A. a. a. O. S. 288—290 verweisen darf. Varianten der Orthographie und Interpunktion lasse ich in A. l. H. wie in W. A. unberücksichtigt. — A. l. H. lautet der von Eckermann beigefügte Titel: Dante, W. A.: [Dante]. In A. l. H. und W. A. fehlen die Überschriften Beilage 1, 2, in A. l. H. fehlen auch die Datierungen. Die Eigennamen druckt A. l. H. nicht gesperrt. — Z. 1 H.: Betrachtung (f. Anerkennung); H.: Verdienste (f. Geistes- und Gemütseigenschaften). —

gefördert, wenn wir im Auge behalten, daß gerade zu seiner Zeit, wo auch Giotto lebte, die bildende Kunst in ihrer natürlichen Kraft wieder hervortrat. Dieser sinnlich-bildlich bedeutend wirkende Genius beherrschte auch ihn. Er faßte die Gegenstände so deutlich ins Auge seiner Einbildungskraft, daß er sie scharf umrissen wiedergeben konnte; deshalb wir denn das Abstruseste und Seltsamste gleichsam nach der Natur gezeichnet vor uns sehen. Wie ihn denn auch der dritte Reim selten oder niemals geniert, sondern auf eine oder andere Weise seinen Zweck ausführen und sein Gestalten umgrenzen hilft. Der Übersetzer nun ist ihm hierin meist gefolgt, hat sich das Vorgebildete vergegenwärtigt und, was zu dessen Darstellung erforderlich war, in seiner Sprache und seinen Reimen zu leisten gesucht. Bleibt mir dabei etwas zu wünschen übrig, so ist es in diesem Betracht.

September 1826.   G.

37.   Beilage 2.

Die ganze Anlage des Danteschen Höllenlokals hat etwas Mikromegisches und deshalb Sinneverwirrendes. Von oben herein bis in den tiefsten Abgrund soll man sich Kreis in Kreisen imaginieren; dieses gibt aber gleich den Begriff eines Amphitheaters, das, ungeheuer wie es sein möchte, uns immer als etwas künstlerisch Beschränktes vor die Einbildungskraft sich hinstellt, indem man ja von oben herein alles bis in die Arena und diese selbst überblickt. Man beschaue das Gemälde des Orcagna, und man wird eine umgekehrte Tafel des Cebes zu sehen glauben; die Erfindung ist mehr rhetorisch als poetisch, die Einbildungskraft ist aufgeregt, aber nicht befriedigt.

Z. 8 H.: nachzeichnen (f. wiedergeben). — Z. 9 H.: Abstrakteste (f. Abstruseste). — Z. 11 A. l. H. fehlt: selten oder. — Z. 14 H.: die Gestalten (f. das Vorgebildete). — 16/17 H.: Was für mich dabei zu wünschen übrig bleibt, beruht auf obiger Betrachtung (f. Bleibt — Betracht). — Z. 23 ff. die ganze Stelle: „vor die Einbildungskraft — befriedigt" hat erst nach mehrfachen, jedoch in der Hauptsache nur formal, nicht inhaltlich voneinander abweichenden Fassungen endgültig die obige Gestalt erhalten. Vgl. W. A. a. a. O S. 291f. — Z. 26 zu Orcagna druckt W. A. a. a. O. S. 71 folgende, aus H. 7 entnommene Anmerkung: Wo das hier gemeinte Bild in Kupfer zu finden, weiß ich nicht gerade jetzt anzugeben. — Z. 27 folgt A. l. H. nach „glauben": „statt eines Kegels einen Trichter. Die".

Indem wir aber das Ganze nicht rühmen wollen, so
30 werden wir durch den seltsamen Reichtum der einzelnen Lokalitäten überrascht, in Staunen gesetzt, verwirrt und zur Verehrung genötigt. Hier, bei der strengsten und deutlichsten Ausführung der Szenerei, die uns Schritt für Schritt die Aussicht benimmt, gilt das, was ebenmäßig von allen sinnlichen
35 Bedingungen und Beziehungen, wie auch von den Personen selbst, deren Strafen und Martern zu rühmen ist. Wir wählen ein Beispiel und zwar den zwölften Gesang.

> Rauhfelsig war's da, wo wir niederklommen,
> Das Steingehäuf' den Augen übergroß;
> So wie ihr dieser Tage wahrgenommen
> Am Bergsturz diesseits Trento, der den Schoß
> 5 Der Etsch verengte, niemand konnte wissen
> Durch Unterwühlung oder Erdenstoß? —

Streckfuß. 1824. S. 126 u. 127 f.	Dante (ed. Fernow, Jena 1807. I, 55, 56).
1 Rauh war die Stelle, wo wir niederklommen,	Era lo loco, ove a scender la riva
Und meines Herzens Bangigkeit war groß,	Venimmo, alpestro, e per quel ch'iv'er'anco
Ob dessen, was ich dorten wahrgenommen.	Tal, ch'ogni vista ne sarebbe schiva.
4 Dem Bergsturz gleich bei Trento, der den Schoß	Qual' è quella ruina, che nel fianco
Der Etsch vordem dort ausgefüllt, entstanden	Di qua da Trento l'Adice percosse,
Durch Unterwühlung oder Erdenstoß;	O per tremuoto, o per sostegno manco:

Z. 33 H. 4: Lokalität (f. Szenerei). — Z. 34 H. 4: den nächsten (f. allen sinnlichen). — Z. 37 ff.: Die Texte von Streckfuß und Dante habe ich zum Vergleiche unten beigefügt. Ich gebe hier Varianten der übersetzten Verse nach früheren, zugunsten obigen Textes aufgegebenen Fassungen Goethes nach W. A. XLII[2], S. 292 f.:

    Z. 2. Das — Augen: Des Steingerölls Verwirrung — Des Steingehäufs Verwirrung.
    Z. 3. So — Tage: Wie ich dergleichen staunend — Wie ich dergleichen einmal — Wie ich dergleichen vormals.
    Z. 5. verengte: bedrängte. — Niemand — wissen: sei er nun entstanden.
    Z. 6. Durch Unterwühlung: Ob unterwühlet.

Von Felsenmassen, dem Gebirg' entrissen
Unübersehbar lag der Hang bedeckt,
Fels über Felsen zackig hingeschmissen,
10 Bei jedem Schritte zaudert' ich erschreckt.

So gingen wir, von Trümmern rings umfaßt,
Auf Trümmern sorglich; schwankend aber wanken
Sie unter meinem Fuß, der neuen Last.
Er sprach darauf: in düstersten Gedanken
15 Beschauest du den Felsenschutt, bewacht
Von toller Wut, sie trieb ich in die Schranken;

7 Wo man vom Berg, auf dem die Trümmer standen,	Che da cima del monte, onde si mosse,
Am steilen Felsen keinen Pfad entdeckt,	Al piano è sì la roccia discoscesa
Der niederleite zu den eb'nen Landen;	Ch'alcuna via darebbe a chi su fosse.
10 So jener Felsenschlund, der mich erschreckt.	Cotal di quel burrato era la scesa:
28 So gingen wir, von Trümmern rings umfaßt,	Così prendemmo via giù per lo scarco
Auf Trümmern durch den Paß, und öfters wichen	Di quelle pietre, che spesse moviensi
Sie unter meinem Fuß der neuen Last.	Sotto i mie' piedi per lo nuovo carco.
31 Er sprach, da ich tiefsinnig hergeschlichen:	Io gía pensando, e quei disse: tu pensi
Denkst du an diesen Felsenschutt, bewacht	Forse a questa rovina, ch'è guardata
Von toller Wut, die meinem Wort gewichen?	Da quell' ira bestial, ch'io ora spensi.

Z. 7. Von — entrissen: Doch vom Gebirg, dem sich Gebirg entrissen — Denn vom Gebirg [aus: von der Höhe] dem sich Gebirg entwanden.

Z. 8. Unübersehbar – bedeckt: War sonst betretner Pfad weit überdeckt.

Nach Z. 10. Bis wir zum Blut - See endlich näherdrangen [Dante XII, 11: E'n su la punta della rotta lacca. — Streckfuß: Und auf dem Rand lag, wie wir weiter drangen].

Z. 12. wanken: wichen [wie Streckfuß].

Z. 14. Er — düstersten: Er sprach darauf in düster — Er aber sprach in düsteren — Er aber sah mich düster in.

Z. 16. sie — die: sie trieb ich aus den — sie trieb ich aus ohnmächtigen.

Allein vernimm: als in der Hölle Nacht
Zum erstenmal so tief ich abgedrungen,
War dieser Fels noch nicht herabgekracht:
20 Doch kurz vorher, eh der herabgeschwungen
Vom höchsten Himmel herkam, der dem Dis
Des ersten Kreises große Beut' entrungen,
Erbebte so die grause Finsternis,
Daß ich die Meinung faßte: Liebe zücke
25 Durchs Weltenall und stürz' in mächt'gem Riß
Ins alte Chaos neu die Welt zurücke.
Der Fels, der seit dem Anfang festgeruht,
Ging damals hier und anderwärts in Stücke.

34 Vernimm jetzt, als ich in der Hölle Nacht Zum erstenmal so tief hereingedrungen, War dieser Fels noch nicht herabgekracht. 37 Doch kurz vorher, eh' Er, herabgeschwungen Vom höchsten Himmel, herkam, der dem Dis So edler Seelen großen Raub entrungen, 40 Erbebte so die grause Finsternis, Daß ich die Meinung faßte, Liebe zücke Durchs Weltenall und stürz' in mächt'gem Riß 43 Ins alte Chaos neu die Welt zurücke. Der Fels, der seit dem Anfang fest geruht, Ging damals hier und anderwärts in Stücke.	Or vo' che sappi, che l'altra fiata Ch' io discesi quaggiù nel basso 'nferno, Questa roccia non era ancor cascata. Ma certo poco pria, se ben discerno, Che venisse colui, che la gran preda Levò a Dite del cerchio superno, Da tutte parti l'alta valle feda Tremò sì, ch'io pensai, che l'universo Sentisse amor, per lo quale è chi creda Più volte il mondo in Caos converso: Ed in quel' punto questa vecchia roccia Qui, ed altrove più, fece riverso.

Z. 17. Allein vernimm: Vernimm jetzt [wie Streckfuß].

Z. 17—21. Als — herkam fehlt in einer Handschrift (H³) statt dessen: Als nun das große Maul [Inf. XII, 79 Quando s'ebbe scoperta la gran bocca. — Streckfuß: Als nun das große Maul sich offenbarte].

Z. 22. große Beut': edlen Raub [Streckfuß: großen Raub].

Zuvörderst nun muß ich folgendes erklären: Obgleich in meiner Original-Ausgabe des Dante, Venedig 1739, die Stelle: e quel bis schivo [sic!] auch auf den Minotaur gedeutet wird, so bleibt sie mir doch bloß auf das Lokal bezüglich; der Ort war gebirgig, rauhfelsig (alpestro), aber das ist dem Dichter nicht genug gesagt; das Besondere daran (per quel ch' iv' er' anco) war so schrecklich, daß es Augen und Sinn verwirrte. Daher, um sich und andern nur einigermaßen genug zu tun, erwähnt er, nicht sowohl gleichnisweise als zu einem sinnlichen Beispiel, eines Bergsturzes, der, wahrscheinlich zu seiner Zeit, den Weg von Trento nach Verona versperrt hatte; dort mochten große Felsenplatten und Trümmerkeile des Urgebirges noch scharf und frisch übereinanderliegen, nicht etwa verwittert, durch Vegetation verbunden und ausgeglichen, sondern so, daß die einzelnen großen Stücke hebelartig aufruhend durch irgend einen Fußtritt leicht ins Schwanken zu bringen gewesen. Dieses geschieht denn auch hier, als Dante herabsteigt.

Nun aber will der Dichter jenes Naturphänomen unendlich überbieten, er braucht Christi Höllenfahrt, um nicht allein diesem Sturz, sondern auch noch manchem andern umher in dem Höllenreiche eine hinreichende Ursache zu finden.

Die Wanderer nähern sich nun mehr dem Blutgraben, der, bogenartig, von einem gleich runden ebenen Strande umfangen ist, wo Tausende von Kentaurn umhersprengen und ihr wildes Wächterwesen treiben. Virgil ist auf der Fläche schon nah genug dem Chiron getreten, aber Dante schwankt noch mit unsicherem Schritt zwischen den Felsen; wir müssen noch einmal dahin sehen; denn der Kentaur spricht zu seinen Gesellen:

Z. 1—10 H. 4: Betrachte man wie der Dichter verfährt; er fängt nicht sowohl gleichnisweise [mit einem Gleichnis] als mit einem sinnlichen Beispiel an, eines Bergsturzes erwähnend (f. Zuvörderst — Bergsturzes). — Z. 3: In den Handschriften wechselt schivo mit dem richtigen schiva. — Z. 8—10 H. 5: Nun erinnert der Dichter [aus: Der Dichter erinnert], um nur einigermaßen sich genug zu tun, sich und seine Hörer an eine solche Naturerscheinung (f. Daher — Beispiel). — Z. 11 nach „hatte" in H. 6 wiedergestrichenes: ganz frisch und überraschend da lag. — Z. 15 H. 6: aufgelehnt (f. aufruhend). — Z. 15/16 H. 4: aufruhend leicht aus dem Gleichgewicht ins Schwanken zu bringen waren (f. aufruhend — gewesen). — Z. 22 A. l. H.: nunmehr (f. nun mehr).

> „bemerkt: der hinten kommt, bewegt,
> Was er berührt, wie ich es wohl gewahrte,
> Und wie's kein Totenfuß zu machen pflegt."

Man frage nun seine Einbildungskraft, ob dieser ungeheure Berg- und Felsensturz im Geiste nicht vollkommen gegenwärtig geworden sei?

In den übrigen Gesängen lassen sich bei veränderter Szene eben ein solches Festhalten und Ausmalen durch Wiederkehr derselben Bedingungen finden und vorweisen. Solche Parallelstellen machen uns mit dem eigentlichsten Dichtergeist Dantes auf den höchsten Grad bekannt und vertraut.

Der Unterschied des lebendigen Dante und der abgeschiedenen Toten wird auch anderwärts auffallend, wie z. B. die geistigen Bewohner des Reinigungsortes (Purgatorio) vor Dante erschrecken, weil er Schatten wirft, woran sie seine Körperlichkeit erkennen.

Weimar, den 9. September 1826. G.

I. Druck: Werke, A. l. H. 1833. XLVI, 279—283. — W. A. XLII², 70—74. — In Briefform: Briefwechsel zwischen Goethe und Zelter. 1834. IV. Teil. S. 215—220.

37 a. **Paralipomenon zu 37.**

Die ganze Anlage des Dantischen Höllenlokals hat etwas Mikromegisches, deshalb Sinneverwirrendes. Von oben herein bis in den tiefsten Abgrund Kreis in Kreisen zu denken, gibt gleich den Begriff des Amphitheaters, der etwas künstlich beschränkte. Behandlung des Orcagna. Umgekehrte Tafel des Cebes. Der Einbl. lästig. Nun aber der große Reichtum der einzelnen Lokalitäten.

I. Druck: W. A. XLII², 294.

Z. 29—31 gibt den Text von Streckfuß (Inf. XII, 80—82) ohne jede Abänderung. — Z. 33—34 H. 4: lebendig (f. gegenwärtig geworden). — Z. 38 H. 4: beleben den (f. machen uns mit dem). — Z. 39 H. 4: in uns (nach: „Dantes", jedoch wieder gestrichen). — Z. 39 fehlt A. l. H.: bekannt und. — Z. 41 H. 4 und 6: macht sich überall (f. wird auch anderwärts).

38.   **Tagebuch. 10. September 1826.**

Professor Zelter, Tonkunsttabelle, Aufsätze wegen Dante.
W. A. III. Abt. X, 241.

Zu Nr. 32—38. Goethe legte diese Ausführungen über Dante, deren Entstehung und Absendung die Tagebuchnotizen genau verfolgen lassen, seinem am 9. September abgeschlossenen, am 10. abgeschickten Brief an Zelter bei, in welchem er noch „zum Überfluß" bemerkte, in der Rolle sei neben anderem enthalten: „Einiges über Dante, nach vorhergängiger Überlegung, Herrn Streckfuß mitzuteilen" (s. oben S. 29 Nr. 35). Über die Art dieser Mitteilung an Streckfuß hegte er selber Zweifel, wie aus Nr. 35 hervorgeht. Goethe muß übrigens auch noch an Streckfuß selbst geschrieben haben, vgl. Zelter an Goethe 2. Februar 1827: „Damit die Korrespondenz wieder in Fluß gerate, so will ich vors erste sagen, daß Geh. Regierungsrat Streckfuß mich wegen seines Brief von Dir lesen lassen" (Briefw. IV, 240). Ein Druck dieses Briefes ist mir nicht bekannt. Auch Goethe-Jahrbuch VIII, 131 weiß nichts Näheres darüber. — Welches der Orcagna damals zugeschriebenen Gemälde Goethe meint, ist unsicher (vgl. die Ausführungen oben S. 7 f. zu Nr. 5), doch dürfte höchst wahrscheinlich das Fresko der Cappella Strozzi in Sta. Maria Novella zu Florenz gemeint sein (Abb. bei Kraus, Dante, zw. S. 648 und 649), obgleich auch dies nicht eigentlich „trichterförmig" (die anschaulichste Bezeichnung für Dantes Inferno!) genannt werden kann. Dehio (Goethe-Jahrbuch VII, 263) denkt auch hier an Lasinios Kupfer der Campo-Santo-Fresken von Pisa, die ja Goethe seit 1818 (vgl. Tag- und Jahreshefte W. A. XXXVI, 147) bekannt waren; gerade die dortige Höllendarstellung entfernt sich aber durch den durch drei Vierteile des ganzen Bildes aufwachsenden Lucifer sehr beträchtlich von Dantes Schilderung, und ihr gleichmäßig breiter Aufbau kann erst recht nicht als ein „Trichter" charakterisiert werden. — Cebes (Kebes), einem Zeitgenossen des Sokrates, wurde eine (heute als der römischen Kaiserzeit angehörig betrachtete) Schrift „Pinax" (Gemälde) zugeschrieben, handelnd von den Seelen der Menschen vor ihrer Inkarnation im Leibe, von Charakter und Schicksal im Leben und Ausgang aus dem Leben. Herausgegeben von A. von Thieme, Berlin 1810. Goethe denkt wohl an die graphische Darstellung von Matthaeus Merian, Tabula Cebetis continens totius vitae humanae descriptionem, die er besaß (Schuchardt, Goethes Kunstsammlungen I, 132, Nr. 282) und die mir leider nicht zugänglich war; sie ist sehr selten und fehlt in München auf der Staatsbibliothek, der Universitätsbibliothek und in der k. Graphischen Sammlung. — Über die Übersetzung und Goethes Änderungen am Texte von Streckfuß das Nähere in Kapitel II. Die von Goethe benutzte (mir nicht zugängliche) Ausgabe Dantes ist: La commedia tratta da quella che pubblicarono gli Accademici della Crusca l'anno 1595 con una dichiarazione del senso letterale [von P. Venturi]. Venezia G. B. Pasquali 1739. Großenteils ein Neudruck der Ausgabe Lucca 1732 (s. Koch, Catalogue of the Dante Collection by Fiske. 1900. I, 10). Doch mag er daneben auch Fernows Ausgabe (vgl. oben S. 9f. Nr. 8) beigezogen haben. Über Goethes Besitz an Danteliteratur siehe den Anhang zu diesem Kapitel. — Eine Erwähnung von Christi Höllenfahrt finden wir in Inf. IV, 52—61, Erwähnungen der durch das Erdbeben bei Christi Kreuzestod bewirkten unterirdischen Veränderungen in Inf. XXI, 106—114, XXIII, 133—138, XXIV, 19. — Die schattenlosen Seelen und ihr Erstaunen über den schattenwerfenden, weil in lebendiger Leiblichkeit wandelnden Dante werden im Purgatorio mehrfach erwähnt, besonders ausführlich XXVI, 4—24, ferner III, 88—91:

Come color dinanzi vider rotta
La luce in terra dal mio destro canto
Si che l'ombr'era da me alla grotta,
Ristaro e trasser se indietro alquanto

und V, 25—27:

Quando s'accorser ch'io non dava loco
Per lo mio corpo al trapassar de'raggi,
Mutâr lor canto in un O lungo e roco.

Das erst neuerdings durch die W. A. bekannt gewordene Paralipomenon 37a gibt inhaltlich nichts Neues, stellt vielmehr einen ersten (eigenhändigen) Entwurf dar für das dann unter 37 am Anfang breiter Ausgeführte. Die Abkürzung Einbl. ist wohl mit Rücksicht auf den ausgeführten Text sicher in „Einbildungskraft" [Dativ] aufzulösen (doch könnte man auch an Einblick [Nominativ] denken). — Im September des folgenden Jahres 1827 besuchte Streckfuß Goethe in Weimar und wurde sehr freundlich aufgenommen, vgl. Eckermanns Gespräche mit Goethe 27. September 1827 (III, 130 f.) und Goethe an Zelter 29. September 1827. (Briefw. IV, 399 f.)

39. Tagebuch. 25. September 1826.

Streckfußens Fegefeuer und Paradies Dantes... Nachts Terzinen.

W. A. III. Abt. X, 248, 249.

Die „Terzinen" sind das Gedicht, das später den Titel erhielt „Bei Betrachtung von Schillers Schädel" (I. Druck, ohne Titel: A. l. H. XXIII, 285 f. am Schlusse des 3. Buches von Wilhelm Meisters Wanderjahre), das auch im Tagebuch am 26. September 1826 und am 11. Januar 1827 erwähnt wird (W. A. III. Abt. X, 249, XI, 6). Vgl. Goethe an Zelter 24. Oktober 1827: „Die Reliquien Schillers sollst Du verehren, ein Gedicht, das ich auf ihr Wiederfinden al Calvario gesprochen." (Briefw. IV, 425.) Auf Grund dieser Briefstelle hat von der Hellen in der Jubiläums-Ausgabe I, 285 (vgl. S. 379) den alten schwerfälligen Titel ersetzt durch den bessern und von Goethe selbst herrührenden „Schillers Reliquien". (Vgl. dazu auch W. A. III, 399.)

1827.

40. Fr. H. Jacobis auserlesener Briefwechsel in zwei Bänden. Weimar, den 9. April 1827.

Jacobi wußte und wollte gar nichts von der Natur, ja er sprach deutlich aus: sie verberge ihm seinen Gott. Nun glaubt er mir triumphierend bewiesen zu haben, daß es keine Naturphilosophie gebe; als wenn die Außenwelt dem, der Augen hat, nicht überall die geheimsten Gesetze täglich und nächtlich offenbarte! In dieser Konsequenz des unendlich Mannigfaltigen sehe ich Gottes Handschrift am allerdeutlichsten. Da lobe ich mir unsern Dante, der uns doch erlaubt, um Gottes Enkelin zu werben.

Von Gott dem Vater stammt Natur,
Das allerliebste Frauenbild;
Des Menschen Geist, ihr auf der Spur,
Ein treuer Werber fand sie mild.
Sie liebten sich nicht unfruchtbar:
Ein Kind entsprang von hohem Sinn.
So ist uns allen offenbar:
„Naturphilosophie sei Gottes Enkelin".

S. Dante dell'Inferno, canto XI, 98.

I. Druck: Nachgelassene Werke. 1833. V (= A. l. H. XLV), 293 f. — W. A. XLII^2, 85.

Der Vers, auf den verwiesen wird, lautet: Vostr'arte a Dio quasi è nipote. Vgl. oben S. 27 f. zu 1826, Nr. 28—31, sowie weiterhin in Kap. II die Ausführungen über die Verse „Von Gott dem Vater stammt Natur". — Das oben gegebene genaue Datum ist im ersten Bogen der von Schuchardts Hand gefertigten Niederschrift (Abschrift?) enthalten und bezieht sich möglicherweise nur auf den ersten längeren Teil des Aufsatzes, nicht aber auf den — vielleicht später entstandenen? — kürzeren zweiten Teil, der mit obigen Sätzen schließt, siehe W. A. XLII², 302. Das Dantegedicht Goethes haben „die Herausgeber des Nachlasses unberechtigterweise dem Aufsatze angefügt", während sich Goethes Diktat des Textes mit dem bloßen Hinweis auf Dante begnügte. Ob der Aufsatz überhaupt als in Goethes Sinne vollendet gelten darf, bleibt fraglich. Vgl. W. A. a. a. O.

41.   Goethe an Streckfuß. 19. Juli 1827.

Nur mit den wenigsten Worten begleite den ersten Teil eines mir eben zugekommenen Werkes, um solchen alsobald auf die Post zu bringen; die beiden andern habe selbst noch nicht gelesen.

Möge diese Arbeit unseres Mailänder Freundes dem Kenner italienischer Literatur ebenso wie mir zusagen und der Entschluß des Übersetzers von Dante meinen Wünschen zuvorkommen. In treuer Teilnahme mit I[hnen?] fortwirkend

Weimar, den 19. Jul. 1827.   J. W. von Goethe.

I. Druck: Goethe-Jahrbuch VIII, 130.

Wie schon Ludw. Geiger (Goethe-Jahrb. VIII, 131) annahm, ist der Mailänder Freund Manzoni, das übersandte Buch der erste Band der „Promessi Sposi". Das Tagebuch Goethes verzeichnet unter gleichem Datum: „Herrn Geheimen Staatsrat Streckfuß nach Berlin, 1. Band Manzonis Roman". (W. A. III. Abt. XI, 87.) Zwei Tage später, 21. Juli 1827, schreibt Goethe an Knebel: „Schönstens grüßend übersende, was sich auf Manzoni bezieht [die Opere poetiche di Manzoni 1827 sind gemeint]. Wegen Adelchi darf ich auf S. XXX hinweisen. Das neue Werk: I promessi sposi. Storia milanese del seculo XVII, scoperta e rifatta da Alessandro Manzoni in 3 Bänden, habe gelesen, so mit Rührung wie mit Bewunderung, auch dem schließlichen Dafürhalten, daß es sich neben dem Besten, was das 19. Jahrhundert hervorgebracht hat und hervorbringen wird, einen ehrenvollen Platz behaupten wird" (Briefwechsel Goethes mit Knebel, Leipzig 1851, II, 378), eine Prophezeiung, die sich erfüllt hat.

42. **Tagebuch. 12. Oktober 1827.**
Professor Wolf brachte mir einen Brief von Adolf
Wagner aus Leipzig. Erzählte von seinen Bemühungen mit
den Gedichten Dantes.
W. A. III. Abt. XI, 124.

Von Gottlob Heinrich Adolf Wagner (1774—1835)
war schon 1806 in Leipzig erschienen: „Zwei Epochen der
modernen Poesie in Dante, Petrarca, Boccaccio, Goethe, Schiller
und Wieland, dargestellt von Adolf Wagner", in dem sich
jedoch keinerlei Vergleichung der im Titel genannten italienischen und deutschen Dichter untereinander findet. Zeitlich
näher liegt sein im Vorjahr erschienenes Werk: Il Parnasso
italiano ovvero i quattro Poeti celeberrimi italiani. Lipsia,
Ernesto Fleischer 1826, das auf die Widmung „Al principe de'
Poeti Goethe" ein längeres Widmungsgedicht in italienischen
Terzinen folgen läßt und dann im Texte la Divina Commedia,
le Rime di Francesco Petrarca, l'Orlando furioso und la Gerusalemme liberata abdruckt, jedes Werk einzeln paginiert und
mit eigener Einleitung. Goethes Dankbrief für Widmung und
Übersendung des Buches trägt das Datum 29. Oktober 1827
und ist gedruckt bei Wold. von Biedermann, Goethe und
Leipzig 1865. II, 328 f. Goethe spricht darin von seinem
„freudigen Dank für die herrliche Gabe"; auch sandte er einen
seit langen Jahren in seinem Gebrauche befindlichen silbernen
Becher mit neu eingravierter Widmung als Gegengeschenk. —
Über Adolf Wagner, den Onkel Richard Wagners, vgl. W. von
Biedermann a. a. O. S. 326—330, Glasenapp, Der Oheim
Richard Wagners, in den Bayreuther Blättern VIII, 197—227,
und Max Koch, Richard Wagner. Berlin 1907. I, 90—99. —
Wagners Einleitung zu Dante (Saggio sopra Dante Alighieri)
umfaßt S. III—XXIII, ist übrigens in einem bitterbösen
Deutsch-Italienisch geschrieben, über das sich Platen mit
Recht lustig macht. Dieser, dem eine solche „ganze Bibliothek mit einem einzigen Bande" wegen des in Italien bandweise berechneten Bücherzolles besonders bequem war (Brief an
Fugger, Sorrent, 16. September 1827, G. W., Leipzig 1853, VII,
43 f.) äußert sich demselben Freunde gegenüber (Rom, 21. April
1828, a. a. O. S. 116 f.) über Adolf Wagners Vorberichte: „Sie sind
in einem Italienisch geschrieben, das aus den gewagtesten Germanismen und alten schlechtgewählten Lexikonausdrücken zusammengestoppelt ist, voll der gröbsten grammatikalischen
Schnitzer, so daß ein Italiener kaum einen einzigen Perioden
verstehen würde" usw. (Ich verdanke diesen Hinweis dem Herausgeber von Platens Werken, Herrn Bibliothekar Dr. G. Wolf in
München).

1828.

43. Tagebuch. 6. August 1828.

Gelesen... Prinz Johann, Übersetzung der ersten Gesänge des Dante.

W. A. III. Abt. XI, 256.

44. Goethe an Kanzler von Müller. 7. August 1828.

Auf die Übersetzung des Dante Bezügliches wäre ich im Augenblick verlegen etwas auszusprechen; man hat den großen Fehler begangen, daß man die Noten unmittelbar untern Text setzte. Kaum ließ man sich in jene düstre, trübe, furchtbare Stimmung, in jenes Nächtliche, Gräuliche wider Willen hineinziehen, so reißen uns die Noten wieder ans Tageslicht historisch-politisch, kritisch-ästhetischer Aufklärung und zerstören jene mächtigen Eindrücke ganz und gar. Es klingt wunderlich! Aber ich habe diese zehn Gesänge zweimal gelesen und bin nicht zum Wiederanschauen des Gedichtes gelangt, das mir sonst schon so bekannt ist; immer schieben sich meiner Einbildungskraft die Noten unter. Die Händel der Guelfen und Gibellinen in ihrer leidigen Wirklichkeit verderben mir den Spaß, bösartige Menschen so recht aus dem Grunde gepeinigt zu sehen. Sagen Sie niemanden nichts hiervon. Die Übersetzung könnte mir ganz angenehm sein, auch läßt sich zu guter Stunde darüber was Freundliches sagen und jener Naevus [Fleck, eigentlich Muttermal] nur beiher bemerkt werden, der alsdann bei weiterer Fortsetzung vermieden und zuletzt, bei Herausgabe des Ganzen, woran es doch auch nicht fehlen wird, völlig beseitigt werden. [sic.; es fehlt „kann".]

Goethe-Jahrbuch II, 347 f.

45. Goethe an Kanzler von Müller. 1. September 1828.

Über den Dante des Prinz Johann Hoheit bin ich nicht im Stande gegenwärtig ein Wort zu sagen. Erst haben mich die unglücklichen Noten vom Gedicht und dessen Übertragung abgewendet, sodann aber gestehe aufrichtig, ich möchte einem so werten und würdigen Prinzen, dessen Gedicht an Herrn von Fritsch schon mit Vergnügen und Anteil gelesen, gern etwas sagen, was sich auch eigentlich individuell auf ihn bezöge, und dazu werden Sie am besten beitragen können, wie Sie denn auch wohl mein Zaudern am allerglücklichsten bevorworten werden.

Goethe-Jahrbuch II, 360.

Die Übersetzung der „Hölle" von König Johann von Sachsen, um die es sich im Tagebuch und in diesen beiden Briefen (Nr. 43—45) handelt, erschien für die Öffentlichkeit erst 1839. Aber Goethes Ausführungen beziehen sich auf den ersten Privatdruck, der bloß zu Geschenken bestimmt war und den Titel trägt: Dantes Göttliche Komödie metrisch übertragen und mit kritischen und historischen Erläuterungen versehen von Philalethes. I. Teil. 1. Die Hölle, 1.—10. Gesang. Dresden 1828. — Der schön ausgestattete, in vornehmem Quart gehaltene Druck von 1839 (Dresden und Leipzig) ist zwar auf dem Titelblatt als „zweite vermehrte Auflage" bezeichnet, aber im Vorwort heißt es (S. II f.) ausdrücklich: „Die erste Ausgabe des auf diese Weise zutage gekommenen Inferno hatte ich bloß zur Verteilung an einige Bekannte veranstalten lassen. Da dieselbe jedoch nicht ganz ohne Beifall blieb, so wage ich es nunmehr, diese zweite Auflage dem größeren Publikum zu übergeben." Die Anmerkungen begleiten auch hier den Text Seite für Seite; Kanzler Müller hat also den diesbezüglichen Tadel Goethes dem Fürsten nicht übermittelt, oder dieser hat ihn nicht beachtet. — Goethe besaß laut freundlicher Mitteilung aus dem Goethe-National-Museum den ersten Privatdruck, der ihm wohl durch Kanzler von Müllers Vermittlung zugekommen war. Daß Goethe diese ersten 10 Gesänge zweimal durchgelesen hat und zwar (wenigstens das eine Mal) am 6. August, geht aus Nr. 43 und 44 hervor.

46. Gespräch mit Eckermann. 20. Oktober 1828.

„... Man muß etwas sein, um etwas zu machen. Dante erscheint uns groß, aber er hatte eine Kultur von Jahrhunderten hinter sich..."

I. Druck: Gespräche mit Goethe. Von Joh. Peter Eckermann. 1836.
II. Teil. — Goethes Gespräche ed. Biedermann VI, 354.

1829.

47. Tagebuch. 3. August 1829.

Fing an, Flaxmans Lectures on Sculpture zu lesen.

W. A. III. Abt. XII, 105.

Von dem Bildhauer John Flaxman, dessen Dante-Illustrationen Goethes Interesse schon 1799 infolge A. W. Schlegels Besprechung erregt hatten (s. oben S. 5 f. Nr. 3), erschienen nach seinem Tode († 1826) erst unter dem Titel: Lectures on Sculpture... With a brief memoir of the Author, London 1828, Vorlesungen, die er an der kgl. Akademie zu London gehalten hatte. Nur in dem als Einleitung gegebenen brief memoir sind (S. XVII) seine Dante-Publikationen erwähnt. Goethe könnte also höchstens beim Beginne seiner Lektüre, die er an den beiden folgenden Tagen fortsetzte, auch an Dante erinnert worden sein.

48. Italienische Reise. III.

Zweiter Römischer Aufenthalt vom Juni 1787 bis April 1788.

Bericht. Juli.

[Über die wenig angenehmen Literaturgespräche beim Grafen Fries.]

Viel schlimmer aber war es, wenn Dante zur Sprache kam. Ein junger Mann von Stande und Geist und wirklichem Anteil an jenem außerordentlichen Manne nahm meinen Beifall und Billigung nicht zum besten auf, indem er ganz unbewunden versicherte: jeder Ausländer müsse Verzicht tun auf das Verständnis eines so außerordentlichen Geistes, dem ja selbst die Italiener nicht in allem folgen könnten. Nach einigem Hin- und Widerreden verdroß es mich denn doch zuletzt, und ich sagte: ich müsse bekennen, daß ich geneigt sei, seinen Äußerungen Beifall zu geben; denn ich habe nie begreifen können, wie man sich mit diesen Gedichten beschäftigen möge. Mir komme die Hölle ganz abscheulich vor, das Fegefeuer zweideutig und das Paradies langweilig; womit er sehr zufrieden war, indem er daraus ein Argument für seine Behauptung zog: dies eben beweise, daß ich nicht die Tiefe und Höhe dieser Gedichte zum Verständnis bringen könne. Wir schieden als die besten Freunde; er versprach mir sogar einige schwere Stellen, über die er lange nachgedacht und über deren Sinn er endlich mit sich einig geworden sei, mitzuteilen und zu erklären.

I. Druck: Werke. Ausgabe letzter Hand. 1829. XXIX, 54. W. A. XXXII, 52 f. (vgl. S. 373 f., wonach die Niederschrift entweder in den April 1828 oder zwischen den 18. Februar und 17. Juli 1829 fällt).

Von den Originalaufzeichnungen aus Italien ist für diese Zeit bekanntlich wenig erhalten. Die Tagebücher fehlen (abgesehen von einer kurzen Notiz aus Pozzuoli vom 19. Mai) vom Mai 1787 bis zum Januar 1790 ganz; die Briefe an Frau von Stein, Herders, den Herzog und Kayser vom Juni und Juli 1787 (W. A. IV. Abt. VIII, 229—238) geben keinen Anhalt für die obige, deutlich ironisch gefärbte Schilderung. Dagegen vgl. Paralip. 32 (W. A. XXXII, 465 f.), wo unterm Juli „Graf Fries", und Paralip. 38 (ebda. S. 477), wo unterm 18. Juli „Graf Fries, Abbate Casti" angeführt sind. Ebenso Paralip. 39 (ebda. S. 485).

49. Aufnahme in die Gesellschaft der Arkadier.

Zwar hatten die werten Schäfer, im Freien auf grünem Rasen sich lagernd, der Natur hierdurch näher zu kommen gedacht, in welchem Falle wohl Liebe und Leidenschaft ein menschlich Herz zu überschleichen pflegt; nun aber bestand die Gesellschaft aus geistlichen Herren und sonstigen würdigen Personen, die sich mit dem Amor jener römischen Triumviren nicht einlassen durften, den sie deshalb ausdrücklich beseitigten. Hier also blieb nichts übrig, da dem Dichter die Liebe ganz unentbehrlich ist, als sich zu jener überirdischen und gewissermaßen platonischen Sehnsucht hinzuwenden, nicht weniger ins Allegorische sich einzulassen, wodurch denn ihre Gedichte einen ganz ehrsamen eigentümlichen Charakter erhalten, da sie ohnehin ihren großen Vorgängern Dante und Petrarch hierin auf dem Fuße folgen konnten.

Diktat vom 29. April 1829. — I. Druck: Werke A. l. H. 1829. XXIX, 223. — W. A. XXXII, 218 (vgl. S. 378).

Vgl. Tageb. 29. April 1829: „Meine Aufnahme in die Arcadia und eine Einleitung diktiert" (W. A. III. Abt. XII, 60). Die von Goethe irrtümlich in den Januar 1788 verlegte Aufnahme (vgl. auch Paralip. 31, 32, W. A. XXXII, 464, 467) fand schon ein Jahr früher, am 4. Januar 1787, statt: Brief an Fritz von Stein 4. Januar 1787 (W. A. IV. Abt. VIII, 114f.). Das „Tagesregister einer italienischen Reise 1786 September bis 1788 Juni" (Paralip. 38 a. a. O. S. 471 f.) erwähnt schon am 7. Dezember 1786: „In der Arcadia". — Daß eine platonische Liebesdichtung, deren kennzeichnende Eigenschaften Allegorie und Ehrsamkeit sind (was hier auf den Kreis der Arkadier sich beziehend doch kaum anders als ironisch = Verschnörkelung und Philistrosität zu verstehen ist) einem Dante und

Petrarca auf dem Fuße folge, ist allerdings eine merkwürdig oberflächliche Auffassung dieser beiden großen Liebesdichter und ihrer unsterblichen Gesänge zu Ehren Beatrices und Lauras.

1830.
50. Aus meinem Leben. Dichtung und Wahrheit.
Vierter Teil. Zwanzigstes Buch.

Durch eine gewisse Naturanlage und Übung gelang mir wohl ein Umriß, auch gestaltete sich leicht zum Bilde, was ich in der Natur vor mir sah; allein es fehlte mir die eigentliche plastische Kraft, das tüchtige Bestreben, dem Umriß Körper zu verleihen durch wohlabgestuftes Hell und Dunkel. Meine Nachbildungen waren mehr ferne Ahnungen irgend einer Gestalt, und meine Figuren glichen den leichten Luftwesen in Dantes Purgatorio, die, keine Schatten werfend, vor dem Schatten wirklicher Körper sich entsetzen.

I. Druck: Nachgelassene Werke. 1833. VIII (= A. l. H. XLVIII), 171. — W. A. XXIX, 169 f.

Die Datierung „1830" beruht auf der von Johns Hand gefertigten Aufschrift auf dem Manuskriptband im Goethe-Archiv (W. A. XXIX, 197). — Zur Sache vgl. die Anmerkung zu 1826, Nr. 32—38 (S. 37), wo auch zwei der wichtigsten einschlägigen Stellen Dantes im Wortlaute zitiert sind. In der obigen Stelle handelt es sich um Goethes Zeichnen.

?
51. Zur „Metamorphose der Pflanzen".
Poetische Metamorphosen.

... Welche Fabeln sind die ältesten dieser Art?

Bei Ovid ist die Analogie der tierischen und menschlichen Glieder im Übergang trefflich ausgedrückt. Dante hat eine höchst merkwürdige Stelle dieser Art.

I. Druck: W. A. II. Abt. VI, 361.

52. Dazu Paralip. 6 (ebda. XIII, 8), wo ebenfalls Ovid und Dante als Glieder der „Geschichte der Lehre der Metamorphose" zweimal auf demselben Blatt verzeichnet sind.

Auch diese Erwähnungen Dantes beziehen sich auf die von alters her berühmte Schilderung der Verwandlung der Florentiner Agnello und Buoso in Schlangen und umgekehrt Inf. XXV, 43—141. Vgl. oben S. 16 f. Nr. 17.

Anhang zum ersten Kapitel.

In Goethes Besitz befanden sich folgende **künstlerische Darstellungen**, die sich auf Dante beziehen:

a) **Stiche und Radierungen:**
1. **Giorgio Barbarelli,** gen. **Giorgione** [?], Porträt Dantes. (Schuchardt I, 39.)
2. **Alessandro Sabatelli,** 2 Bl. Darstellungen aus Dantes Hölle: Pfuhl der Verdammten und Charon daemonius, die Verdammten überfahrend. (ebda. S. 82.)
3. **Stefano Tofanelli,** Danti Alighieri, Brustbild, gest. von R. Morghen. (ebda. S. 96.)
4. **Joseph Anton Koch,** 2 Bl. Darstellungen aus der Göttlichen Komödie [der Nachen Charons, Dante von Nessus durch den Blutstrom getragen]. (ebda. S. 129.) Vgl. oben S. 19 f. Nr. 20.
5. **John Flaxman,** Umrisse zu Dantes Hölle. 38. Blatt. (ebda. S. 219.) Vgl. oben S. 5 f., 12, Nr. 3, 11.
6. **Peter von Cornelius,** Umrisse zu Dantes Paradies, Text von J. Döllinger. (ebda. S. 219.) Vgl. oben S. 14 f. zu Nr. 14.

b) **Plastik.**
Dantes [sog.] Totenmaske. (ebda. II, 343.) Vgl. oben S. 18 zu Nr. 19 und 19a.

c. **Münzen und Medaillen.**
Danthes Florentinus. (ebda. II, 64.) Vgl. oben S. 23 f. zu Nr. 25.

In Goethes Besitz befanden sich laut freundlicher Mitteilung aus dem Goethe-National-Museum nach dem dort verwahrten Catalogus Bibliothecae Goetheanae von Kräuter (fortgeführt bis zum Jahre 1828) und dem im Jahre 1903 von Herrn Geh. Hofrat Dr. Ruland aufgestellten Katalog der italienischen Literatur in Goethes Bibliothek folgende **Ausgaben und Übersetzungen Dantes,** sowie **Werke über Dante:**

Dante, la Comedia. Venezia 1739. 3 Bde. (Opere T. 1—3.) Vgl. oben S. 37 zu Nr. 32—38.
Monarchia. Coloniae [Allobrogum = Genf) 1740.
Il Convito; la Vita nuova (Opere T. 1, 2). Venezia 1741. 2 Bde.
La Divina Commedia, ed. Fernow. Jena 1807. 3 Bde. Vgl. oben S. 9f. Nr. 8.
La Vita Nuova e le Rime, ed. G. G. Keil. Chemnitz 1807 (Kräuter „1810"). 1 Bd.
Das neue Leben, übersetzt von Fr. von Oeynhausen. Leipzig 1824. 1 Bd.
Die göttliche Komödie, übersetzt und erläutert von K. Streckfuß. Halle 1824—1826. 3 Bde. Vgl. oben S. 20 und 28—37 Nr. 21 und 32—38.
Die göttliche Komödie, I. Teil. Die Hölle 1.—10. Gesang, übersetzt von Philalethes. o. O. u. J. [1828]. Vgl. oben S. 41f. Nr. 43—45.
La divine Comédie, traduite en vers français par A. Deschamps. Paris 1829. 1 Bd. (mit der Widmung: à l'illustre Goethe son très-humble admirateur Antoine Deschamps).

Bernhard Rudolph Abeken, Beiträge für das Studium der Göttlichen Komödie Dante Alighieris. Berlin und Stettin. 1826. 1 Bd. Vgl. oben S. 25 Nr. 26.

Zweites Kapitel.

Goethes Beziehungen zu Dante dargestellt auf Grund der vorliegenden Äußerungen Goethes.

Zum überhaupt ersten Male wird Dante von Goethe genannt in der Cellini-Übersetzung von 1796 (Nr. 1, 2), die erste selbständige Erwähnung findet sich in dem Diktat über die Flaxmanischen Kupfer von 1799 (Nr. 3). Wenigstens ist es mir nicht gelungen, eine frühere aufzufinden; auch aus den Briefen aus Italien, soweit sie erhalten sind, ergibt sich nichts. Die bekannte Stelle im dritten Bande der „Italienischen Reise" (Nr. 48) stammt in der Niederschrift erst aus dem Ende der zwanziger Jahre des 19. Jahrhunderts, und falls eine aus römischer Zeit herrührende Aufzeichnung zugrunde lag, ist sie verloren gegangen oder mit anderen Materialien von Goethe vernichtet worden.

Immerhin darf für die Jahre in Italien, und am ehesten wohl für die römischen Aufenthalte, eine Beschäftigung Goethes mit dem größten Dichter des Landes, das er so liebte und nun in Muße von allen Seiten auf sich wirken ließ, mit einiger Sicherheit angenommen werden. Auch mag bei Goethes Umgang mit Leuten aus allen Schichten des Volkes, das Zitate aus der Div. Com. so gern im Munde führt und die großen Namen seiner Vergangenheit bei jeder Gelegenheit auszusprechen liebt, ihm auch Dantes Name öfter ans Ohr geklungen haben. Möglicherweise hat er schon bei seinen frühen italienischen Studien in den Frankfurter Knabenjahren von dem Dichter gehört oder ihn in der Hand gehabt; irgendwelchen Nachklang oder gar ein unmittelbares Zeugnis dafür, wie es für die frühe

Beschäftigung mit Tasso in dem reizvollen Knabenmärchen „Der neue Paris" gegeben ist, wüßte ich allerdings nicht anzuführen. Auch ist nicht zu vergessen, daß in jenen Jahrzehnten Dante auf dem von Frankreich beherrschten Weltmarkte der Literatur recht wenig galt und in Deutschland noch fast unbekannt war.[1]) Ebensowenig ist für die Sturm- und Drangzeit des jungen Goethe irgendwelche Berührung mit Dante wahrscheinlich, so weit er auch damals nach allen Seiten ausgriff, und soviel Neues ihm Herder aus fremder Völker Dichtung aufschloß. Aber Herder kannte damals selber Dante so gut wie gar nicht und scheint ihm auch später niemals näher getreten zu sein.

In reichem Maße hatte sich dem Straßburger Studenten die Prophezeiung erfüllt, die ihm am ersten Tage seines dortigen Aufenthaltes sein biblisches Merkbüchlein gegeben hatte: „Mach den Raum deiner Hütte weit und breite aus die Teppiche deiner Wohnung, spare seiner nicht. Dehne die Seile lang und stecke die Nägel fest. Denn du wirst ausbrechen zur Rechten und zur Linken."[2]) Aber in das Reich jener erhabensten Dichtung Italiens, die der Name Dantes überleuchtet, hatten ihn seine Ausfälle zur Rechten und zur Linken noch nicht geführt. Und darf ich hier schon ein Ergebnis vorausnehmen, so ist zu sagen: völlig heimisch ist Goethe in diesem Reiche überhaupt nie geworden. Vielleicht läßt sich sogar diese Beobachtung verallgemeinern zu dem Satze, daß Goethe zu wirklichem innerem Eigentum und Erlebnis nur diejenigen Dichtungen fremder Völker und ferner Zeiten geworden sind, welche er, wie die der Antike (Homer und die Tragiker) und des Orientes (die Bibel), wie Shakespeare und das Volkslied, schon in stürmender Jugend begeistert in sich aufgenommen hat, so lang er auch später noch seine Seile gedehnt hat und

---

[1]) Herm. Oelsner, Dante in Frankreich, Berlin 1898. S. 34 ff. — Arturo Farinelli. Voltaire et Dante. In Kochs Studien zur vergleich. Literaturgeschichte Bd. VI. 1906. — E. Sulger-Gebing, Dante in der deutschen Literatur des XVIII. Jahrhunderts bis zum Erscheinen der ersten vollständigen Übersetzung der Div. Com. (1767/69) in Zeitschr. für vergl. Lit.-Gesch. N. F. IX, 457 ff. X, 31 ff.

[2]) Vgl. Bielschowsky, Goethe I, 98, 142.

so klar auch das Weltreich der Literatur vor dem alles überschauenden Auge des alten Dichters lag.

Nicht unwichtig erscheint mir, daß Goethe schon in seiner Übersetzung des Benvenuto Cellini, wo dieser Dante erwähnt, sich nicht mit der einfachen, wörtlichen Übertragung begnügt, sondern einen kurzen Satz einfügt, der die Dunkelheit des Dichters betont (Nr. 2). Es handelt sich allerdings dabei um eine besonders schwer verständliche Stelle, die Cellini mit burschikosem Dreinfahren aus dem Französischen erklären will. Aber der Vorwurf der Schwerverständlichkeit und wohl auch der absichtlichen Dunkelheit ist von früh an vielfach gegen den gewaltigen Schilderer der drei Ewigkeitsreiche erhoben worden und bildet eine immer wiederkehrende Waffe im Rüstzeug seiner Gegner; selbst die Anhänger leugnen diese Eigenschaft nicht, sondern trachten nur danach, die Tiefe und Bedeutsamkeit solcher Stellen ins rechte Licht zu setzen und dadurch den Tadel nicht nur zu entkräften, sondern im Gegenteil zu einem Lobe zu verwandeln. Bei Goethe kehrt die Klage darüber öfters wieder (vgl. Nr. 22, 25, 35, 36, 48).

Schon das folgende Zeugnis (Nr. 3) führt uns in die Einflußsphäre der älteren Romantik. Durch August Wilhelm Schlegel hatte Goethe die Flaxmanschen Illustrationen zu Dante (mit denen zu Äschylus und Homer) zur Ansicht erhalten; von seiten der bildenden Kunst her wurde er, wie später öfters, so auch diesmal zu Dante geführt (vergl. Nr. 5, 10, 13, 14, 19, 20, 25. Auch die im Anhang zu Kap. 1 aufgezählten, auf Dante bezüglichen künstlerischen Darstellungen im Besitze Goethes sind in diesem Zusammenhange beachtenswert). Nun ist gewiß die bis vor kurzem herrschende Annahme einer allgemeinen genauen Bekanntschaft der Romantiker mit Dante sehr einzuschränken und auf Bernhardis Zeugnis Gewicht zu legen, der in seinen Jugenderinnerungen schreibt: „Zu den Dingen, welche die romantische Schule vorzugsweise verehrte, ja geradezu an die Spitze aller Schöpfungen der Genies zu stellen pflegte, gehörte vor allem auch Dantes großes Gedicht. Die sehr große Mehrzahl der Jünger dieser Schule verehrte den Gibellinischen Sänger des 14. Jahrhunderts aber ganz und gar auf Treu und Glauben: gelesen hatten sie ihn nicht, meine Mutter so wenig als z. B. Ludwig Tieck, der in seinem „Zerbino" meint, Dante habe „zur Glorie der katholischen Religion" gesungen."[1]) Gerade August Wilhelm Schlegel aber trifft dies Urteil nicht, er kannte Dante genau[2]) und hatte damals schon in einer Reihe von Zeitschriften Aufsätze über Dante und ausgiebige Übersetzungen aus der Divina Commedia veröffentlicht.[3]) Besonders seine Aufsätze und Übertragungen in den „Horen" von 1795 mußten ja auch Goethe genau bekannt sein, und ihn wieder auf Dante hingewiesen haben. Trotzdem erscheint Goethes Beschäftigung mit ihm in diesen Jahren keine nennenswerte, wenigstens soweit sie durch solche unmittelbare Zeugnisse belegt ist; ob und inwieweit sie sich stärker durch Anklänge im eignen Schaffen erweisen läßt, werden wir im III. Kapitel sehen. Auch der Vergleich des Vermehrenschen Almanachs mit „einer Art Purgatorio" (Nr. 4), der Hinweis auf Dante bei der Erwähnung Orcagnas (Nr. 5) haben wenig Gewicht.

Erst im Jahre 1805 findet Goethe zum ersten Male Worte vollen, in keiner Weise mehr eingeschränkten Lobes für den italienischen Dichter (Nr. 6). Er nennt Dante ein „außerordentliches Genie", er rechnet die Ugolino-Terzinen zum „Höchsten, was die Dichtkunst hervorgebracht", er erkennt feinsinnig gerade in der Kürze der Schilderung, im „Lakonismus" des Ausdrucks die entscheidenden Wirkungsmittel, um das Grausige des Hungers und der Verzweiflung in noch künstlerischer Weise restlos zu bewältigen. Aber auch hier entfernt sich Goethe in nichts von der damals allgemein gültigen Ansicht. Denn in Italien wie in Deutschland erfreute

---

[1]) Aus dem Leben Theodor von Bernhardis. I. Jugenderinnerungen. Leipzig 1893, S. 148. Bernhardis Mutter war Sophie Tieck, die Schwester des Dichters.

[2]) Sulger-Gebing, A. W. Schlegel und Dante in: Germanistische Forschungen, Hermann Paul zum 17. März 1902, S. 99—134.

[3]) 1791 in Bürgers „Akademie der schönen Redekünste", 1794 in W. G. Beckers „Taschenbuch zum geselligen Vergnügen", 1795 in Schillers „Horen" und in der „Leipziger Monatsschrift für Damen", 1796 u. 1797 in W. G. Beckers „Erholungen", 1797 in W. G. Beckers „Taschenbuch zum geselligen Vergnügen".

sich die Ugolino-Episode (ebenso und mehr noch als die der Francesca da Rimini) der denkbar höchsten Wertschätzung, und August Wilhelm Schlegels Worte darüber: „ein Wunder der Leidenschaft und des Pathos" und „eine von den Darstellungen, die eigentlich weit über die Sphäre der Poesie hinauswirken, weil menschliches Gefühl die einzige Bedingung ist, um aufs tiefste von ihr erschüttert zu werden"[1]) dürfen hier als typisch für die allgemeine Auffassung wiederholt werden. Die Ugolino-Episode lag damals schon in zahlreichen Übersetzungen deutsch vor, so teilweise von Bodmer (1741), vollständig von Moses Mendelssohn (1758), Meinhard (1763), Johann Georg Jacobi (1764), Bachenschwanz (1767), Jagemann (1780), A. W. Schlegel (1794), Karl Edmund (1803), und August Bode (1803).[2]) Goethe selbst bezeichnet noch fast zwanzig Jahre später (18. November 1824) im Gespräche mit Kanzler von Müller den Ugolino als eine jener „genialen Kunstschöpfungen", die selber wieder „ein Teil der Natur" werden und so von spätern Dichtern „so gut wie jede andere Naturerscheinung" zu benutzen seien (Nr. 23). Jenes erste uneingeschränkte Lob Dantes durch Goethe von 1805 wiederholt sich dann, nachdem in der Zwischenzeit nur zwei gelegentliche, für das Urteil über den Italiener belanglose Erwähnungen (Nr. 7, 8) zu verzeichnen sind, Anfang 1808 in sehr verstärktem Maße in einem Gespräche mit Riemer (Nr. 9). Die hier berichtete Äußerung Goethes ist sehr auffallend, und die gleichwertende Nebeneinanderstellung von Homer, Äschylos, Sophokles mit Dante, Ariost, Calderon und Shakespeare wäre fast geeignet, Zweifel an der Echtheit zu erwecken, stünde nicht Riemers Glaubwürdigkeit unangreifbar fest und gäbe nicht der Ausdruck „in mehr oder minder geschmeidigem Stoff" doch wieder einen Anhalt für Rangunterschiede unter den Genannten. Jedenfalls berührt auch diese merkwürdige Zusammenstellung ganz und gar romantisch und erinnert etwa an Tieck, der im „Prinz Zerbino" Dante, Cervantes, Shake-

---

[1]) Im Aufsatz über Flaxman, Athenäum 1799, II, S. 211 f. Vgl. Sulger-Gebing, A. W. Schlegel und Dante a. a. O. S. 127.

[2]) Näheres über alle vor 1770 erschienenen Übersetzungen in meinen Ausführungen darüber, Zeitschr. für vergl. Lit.-Gesch. N. F. IX, 471 ff. (Bodmer) und X, 31 ff.

speare und Goethe als „die heiligen Vier, die Meister der neuen Kunst",[1]) oder an Friedrich Schlegel, der in einem Athenäumsfragment Dante, Shakespeare und Goethe zusammenstellt als „den großen Dreiklang der modernen Poesie, den innersten und allerheiligsten Kreis unter allen engeren und weiteren Sphären der kritischen Auswahl der Klassiker der neueren Dichtkunst".[2])

Wieder wird einige Jahre lang Dante nur ganz nebenbei und gelegentlich erwähnt (Nr. 10, 11, 12), auch einmal (Nr. 12) so, daß man daraus geradezu auf Nichtkenntnis einer immerhin recht drastischen Infernostelle schließen muß, wenn man nicht ein mir sehr unwahrscheinliches, bloß augenblickliches Vergessen derselben annehmen will, um so unwahrscheinlicher, als schon die eine Dante-Erwähnung im Benvenuto Cellini (Nr. 2) Goethe auf den gleichen siebenten Höllengesang hätte hinweisen müssen.

Dann bot Goethe in seinem Kampfe gegen die blutlose Gedankenkunst und christliche Ideenmalerei der Nazarener der mißglückte Versuch eines jungen Malers, eine der gräßlichsten Phantasien des mitleidlosen Höllenschilderers bildlich darzustellen, einen willkommenen Angriffspunkt dar (Nr. 13, 14). Überhaupt scheint sich in diesen Jahren, am Ende des zweiten und in der ersten Hälfte des dritten Jahrzehntes des 19. Jahrhunderts, in Goethes Erinnerung mit Dante vor allem der Begriff des Grausigen und darum Abstoßenden verbunden zu haben, so daß also vorwiegend, ja fast ausschließlich das Inferno ihm vorgeschwebt haben muß. Jetzt spricht er in einer durch die Angriffe des alten Johann Heinrich Voß gegen den zum Katholizismus übergetretenen Jugendfreund Friedrich Leopold von Stolberg hervorgerufenen Xenie von „Dantes grauser Hölle" (Nr. 16), jetzt prägt er in der kurzen kritischen Aufzeichnung über T. Grossis „Ildegonda" das seitdem so gern zitierte Wort „Dantes widerwärtige, oft abscheuliche Großheit" (Nr. 18), jetzt warnt er in den Zahmen Xenien die jungen bildenden Künstler, seine

---

[1]) Tiecks Schriften. Berlin 1828. X, 280 f.

[2]) Friedrich Schlegels Jugendschriften, 1794—1802, herausgegeben von Minor, Wien 1882. II, 244.

„lieben Söhne", vor den nazarenischen Irrwegen, vor „Schreckens-Märchen" und „Modergrün aus Dantes Hölle" (Nr. 22) und mahnt zu Gesundheit in Leben und Schaffen. Dasselbe aber, was hier im poetischen Gewande liebevoll und milde genug ausgedrückt wird, erscheint in voller Schroffheit ausgesprochen in Goethes ungefähr gleichzeitig (am 3. Juli 1824) an den Staatsrat Schultz geschriebenen Briefe, der vielleicht die schärfste Ablehnung des Nazarenertums in der Kunst, zugleich aber auch die klarste Erkenntnis seiner Gefahren bekundet:

„Der lebende Künstler neuerer Zeit steht, mit allem Talent, in einer mißlichen Lage, er ist nicht im Fall, sich an ein entschieden Sicheres anzulehnen, und seine besten Bestrebungen stocken, entweder an denen so unzulänglichen als heftigen Forderungen der Mitwelt oder an den unaufgeklärten Velleitäten seines eignen, nicht hinlänglich ausgebildeten trefflichen Innern. Alles eigentlich Gute, das zum Vorschein kommt, war nur im Fluge erhascht, aus dem Stegreife gefesselt, und so steht's doch immer als eine nicht ganz behagliche Erscheinung."

„Hieran liegt es, daß so viele Jüngere sich in die Frömmelei flüchten und an ältere unvollkommene Muster; das letzte läßt sie getrost sagen: „Wir sind ja Strebende, das Gute, das Vortreffliche Suchende", und das erste gibt ihnen den Vorteil, statt an eine Schule, sich an eine Partei anzuschließen. Wie ekelhaft dies aber sei, muß ich fast täglich empfinden; nur mit einer gewissen Härte lehnt man die pfuscherhaften Anmaßungen ab, die, bei dem gewissenlosesten Verfahren, ein Heiliges zu Hilfe rufen und unter dem Mantel der absurdesten Gleißnerei sich für geborgen, so wie ausgestattet halten; auch fürchtet sich das Gezücht vor mir, und probiert doch manchmal ein Vidi zu erhaschen."[1])

Als vor einer Verführung zu ungesunder Versenkung ins Schauerliche und Grausige warnte Goethe auch seinen treuen Eckermann vor dem Studium Dantes, das er ihm als sein „Beichtvater" geradezu verbot (Nr. 25). Doch zeigt gerade dieses Zeugnis von Anfang Dezember 1824, wie das wenig

---

[1]) Briefwechsel zwischen Goethe und Staatsrat Schultz. Herausgegeb. von Düntzer, Leipzig 1853, S. 311. W. A. IV. Abt. XXXVIII, 178.

frühere Gespräch mit Kanzler von Müller (Nr. 23) nicht nur das lebhafte Interesse, das Goethe, der schon in seinen Jugendjahren ein so eifriger Anhänger und Mitarbeiter der Lavaterschen „Physiognomik" gewesen war, an Dantes äußerer Erscheinung, seinen Gesichtszügen und seiner Schädelbildung nahm, sondern auch die hohe Wertschätzung, die er seinem „Ugolino" als einer genialen Kunstschöpfung, die er seiner Persönlichkeit wie seinem Dichtertum durch die Bezeichnung „eine Natur" zuteil werden ließ. Es ist sehr zu bedauern, daß Eckermann über dieses Gespräch nicht ausführlicher berichtet hat und vor allem nicht den vollen Wortlaut des Zusammenhanges mitteilt, in welchem Goethe Dante als „eine Natur" einschätzte.

Eine entschieden historische Auffassung Dantes und seines „Inferno" macht sich bei Goethe zum ersten Male geltend in der kurzen Erwähnung, die er 1826 seiner Besprechung von Webers Buch „Die elegischen Dichter der Hellenen" (Nr. 27) eingefügt hat, und die zum Verständnis der Dichtung die Kenntnis der politischen Wirren der Zeit sowie die Würdigung des Dichters als eines Florentiners und eines aus seinem Vaterlande Verbannten fordert, zugleich wieder ihn mit dem nachdrücklichen Lobe: „ein großer Geist, ein entschiedenes Talent" auszeichnet. In der historischen Auffassung Dantes und seines Werkes war in Deutschland als Erster August Wilhelm Schlegel vorangegangen,[1]) jedoch liegt für Goethe eine andere Anregung näher. Die durch B. R. Abekens im selben Jahre erschienenes, dem Dichter mit schönen Danteschen Widmungsversen vom Verfasser überreichtes Buch: „Beiträge für das Studium der Göttlichen Komödie Dante Alighieris" (Nr. 26), das gleich an erster Stelle eine eingehende und gehaltvolle Studie „Dantes Zeitalter und sein Leben" enthält, ein Buch, von dem noch vierzig Jahre später ein so trefflicher Kenner wie Theodor Paur mit vollem Rechte sagte: „Die Folgezeit hat in Deutschland wenig gleich treffliche Werke über Dante nachzuweisen."[2])

Im selben Jahre 1826 ergab nun die Vollendung der Übersetzung der Div. Commedia von Karl Streckfuß, deren Ver-

---

[1]) Vgl. meine Abhandlung A. W. Schlegel und Dante a. a. O. S. 100 f.
[2]) Unsere Zeit. 1865. I, 328.

öffentlichung, zwei Jahre früher begonnen, nun fertig vorlag, eine eingehendere Beschäftigung auch mit dem Originale (Nr. 28—39), und diesmal ist diese Beschäftigung eine so eindringende und nachhaltige, wie wir sie nie zuvor nachweisen können. Zunächst führt Goethe eine Stelle des XI. Höllengesanges zu dem darin zitierten Aristoteles und zur Dichtung eines reizvollen Achtzeilers, der als Dank mit Manzonis Trauerspiel „Adelchi" durch Zelters Vermittlung an Streckfuß gesendet wurde, und an den im folgenden Jahre nochmals bei der Besprechung von Fr. H. Jacobis „Auserlesenem Briefwechsel" erinnert wurde (Nr. 28—31 u. Nr. 40). Allerdings hat meines Erachtens Goethe hier Dante nicht ganz richtig verstanden. Die von Goethe für sein Gedicht frei verwertete und im Originale beigefügte schwierige Dantestelle (s. Nr. 31), die Verse Inf. XI, 97—105, lauten in der Übertragung von Streckfuß folgendermaßen (ich stelle zum Vergleich die Fassung des Prinzen Johann von Sachsen [Philalethes] daneben):

97. Weltweisheit, sprach er, lehrt in mehrern Sätzen,	„Philosophie belehret ihre Jünger",
Daß nur aus Gottes Geist und Kunst und Kraft	Sprach er zu mir, „an mehr als einer Stelle,
Natur entstand mit allen ihren Schätzen;	„Wie die Natur aus dem Verstand der Gottheit
100. Und überdenkst du deine Wissenschaft	„Den Ursprung hat und aus der Kunst des Schöpfers,
Von der Natur, so wirst du bald erkennen,	„Und finden wirst du, wenn du wohl in deiner
Daß eure Kunst mit allem, was sie schafft,	„Physik nachforschen willst, nach wenig Seiten,
103. Nur der Natur folgt, wie nach bestem Können	„Daß eure Kunst, soviel ihr möglich, jener,
Der Schüler geht auf seines Meisters Spur;	„So wie der Schüler seinem Meister, folget,
Drum ist sie Gottes Enkelin zu nennen.[1]	„So daß wie Gottes Enk'lin eure Kunst ist."[2]

Der Sprechende ist Virgil, la tua Fisica („deine Wissenschaft

---

[1] Die Hölle des Dante Alighieri übersetzt und erläutert von Karl Streckfuß. Halle 1824. S. 124.

[2] Philalethes, Dante Alighieris Göttliche Komödie. Erster Teil. Die Hölle. Zweite vermehrte Auflage. Dresden und Leipzig 1839. S. 72 f.

von der Natur") ist die Physik des Aristoteles (so erläutert auch Streckfuß a. a. O. S. 305), und zu ihr griff denn auch Goethe am 11. August (Nr. 29). Dort heißt es „non dopo molte carte", nämlich schon in Buch II, Kap. 2: ἡ τέχνη μιμεῖται τὴν φύσιν: che vostr'arte quella (cioè la natura)... segue. Nun läßt aber Dante Virgil nicht sagen, „Naturphilosophie sei Gottes Enkelin", sondern nur weit allgemeiner, menschliche Kunst (vostr' arte) sei als Tochter der Natur, die selber wiederum die Tochter Gottes ist (lo suo corso prende dal divino 'ntelletto e da sua arte), Gottes Enkelin: ein Gedanke, der die Schönheitslehre des Thomas von Aquino zur Voraussetzung hat, und wodurch, wie sich Hubert Janitschek treffend ausdrückt, „Kunst und künstlerisches Schaffen erst jetzt auf dem Boden christlicher Lehre eine neue Stellung erhalten konnten".[1]) Bei der späteren Anspielung auf diese Verse durch Goethe (Nr. 40) tritt dasselbe Mißverständnis der Dantestelle in den vorangehenden Bemerkungen besonders deutlich hervor.

Die ausführlichste zusammenhängende Äußerung Goethes über Dante gibt die Besprechung der Übersetzung von Streckfuß, die zunächst an Zelter geschickt wurde und erst aus dem Nachlaß unter dem Titel „Dante" gedruckt erschien (Nr. 36, 37). Schon in dem Begleitbrief an Zelter (Nr. 35) verweilt Goethe mit besonderm Nachdruck darauf, daß bei Dante, diesem „außerordentlichen Manne", vor allem auch die Hindernisse, die der künstlerischen Ausführung seines Planes entgegenstanden und von ihm weggeräumt werden mußten, zu bedenken seien. In den für Streckfuß selbst bestimmten Aufzeichnungen weist Goethe wieder gleich anfangs nach einer gemessenen Verbeugung vor Dantes Geist und Gemüt auf die historische Würdigung seiner Werke aus seiner Zeit heraus als die förderlichste hin und zieht hier besonders die gleichzeitige bildende Kunst (Giotto) heran. Die dem bildenden Künstler verwandten

---

[1]) H. Janitschek, Die Kunstlehre Dantes und Giottos Kunst. Leipzig 1892. Bes. S. 16 f., wo auch hingewiesen wird auf die von Dante ausgeführte Parallele der schöpferischen Tätigkeit des Künstlers mit Gottes Schöpfertätigkeit: De Monarchia II, 2 (Opere minori, ed. Fraticelli, 5. ed. Firenze 1887. II, 316 f.).

Eigenschaften: die Anschaulichkeit seiner Phantasie, die Plastik seiner Darstellung, betont er jetzt als das Wertvollste seines Schaffens. Sie ermöglichen ihm, auch „das Abstruseste und Seltsamste" (diese doch immerhin einen starken Tadel enthaltenden Ausdrücke dürfen auch hier nicht fehlen; ja das stärkste „Abstruseste" ist von Goethe eigenhändig für das immerhin viel mildere „Abstrakteste" des ersten Diktates eingesetzt worden!) „gleichsam nach der Natur gezeichnet", d. h. also wie etwas natürlich Gewordenes, etwas organisch Gewachsenes vor uns hinzustellen. Daß ihn dabei sogar der bei den Deutschen so verrufene, weil bei ihrer Reimarmut so schwierige dritte Reim der Terzine nicht nur selten gestört, sondern öfter sogar gefördert habe, wird dem Dichter zu besonderm Lobe angerechnet. Dem Übersetzer wird zwar nachgerühmt, daß er sich auch im Deutschen möglichster Plastik befleißigt habe, zugleich aber mit leisem Tadel bemerkt, daß nach dieser Richtung noch einiges zu wünschen übrig bliebe. — Dann aber vergleicht Goethe das ganze Höllenreich Dantes anschaulich mit einem ungeheuren Amphitheater, das doch etwas „künstlerisch Beschränktes", weil von oben her ganz zu Überblickendes bleibe.[1]) Mit dieser Anschauung trifft Goethe wieder nicht den Sinn Dantes, bei dem es vielmehr von Stufe zu Stufe, von Kreis zu Kreis zu stets neuen Geheimnissen, zu stets furchtbareren Martern geht, die nirgends als „von oben herein" überblickbar geschildert werden. Goethe sucht seiner Einbildungskraft zu Hilfe zu kommen durch die malerische Darstellung des Orcagna, dessen Bild sich ihm darstellt als eine „umgekehrte Tafel des Cebes", wobei er wohl deren graphische Wiedergabe von Matthäus Merian vor Augen hat. Der spätere Zusatz „statt eines Kegels einen Trichter" ist für den Leser mehr verwirrend als förderlich. Denn wenn auch zweifellos die Anordnung des Danteschen Höllenreiches trichterförmig sich verengend nach unten zu gedacht ist, so hat doch

---

[1]) Daß der Raum des höllischen Amphitheaters im ersten eigenhändigen Bleistiftentwurf Goethes (Nr. 37a) als „künstlich beschränkt" bezeichnet wird, gibt im Vergleich zu diesem „künstlerisch Beschränkten" der Ausführung immerhin zu denken. Vielleicht trifft das ursprüngliche „künstlich" doch Goethes Anschauung noch genauer.

gerade Orcagna (beziehungsweise der Meister der dem Orcagna früher zugeschriebenen Bilder) das Inferno nie so dargestellt, sondern sich genötigt gesehen, die verschiedenen Kreise stockwerkartig nebeneinander und in gleicher Breite übereinander anzuordnen, um die gegebenen Wandflächen richtig auszunutzen. Und wieder schließt Goethe den Abschnitt mit einem Tadel diesmal nicht des Übersetzers, sondern Dantes selber, indem er die Erfindung (des Inferno) „mehr rhetorisch als poetisch" nennt, was ich dahin verstehe: geschaffen mehr mit dem klügelnden, rechnenden Verstande, der systematisch einreiht und ausbaut, als mit der anschauenden Phantasie, die ohne jeden Systemzwang Neues aufbaut. Goethe meint, so werde die Einbildungskraft (des Lesers oder Hörers) mehr aufgeregt als befriedigt. Diesen Gedanken führt nun der Anfang des folgenden Absatzes weiter: das Ganze ist — eben als zu rhetorisch und verstandesmäßig ausgedacht — nicht zu rühmen, das Einzelne dagegen setzt zwar auch in Staunen und verwirrt, nötigt aber doch durch die plastische Kraft der Ausführung und den Reichtum der Erfindung „zur Verehrung": in Goethes Munde sicher ein starkes, ausnahmsweise schwerwiegendes Lob. Um nun eben diese Plastik und Anschaulichkeit Dantescher Darstellung zu beweisen, gibt er ein längeres Stück aus dem Anfang des zwölften Gesanges, den Niederstieg Dantes und Virgils durch die Trümmer des Felsensturzes zwischen dem sechsten und siebenten Kreis, von den Ketzern zu den Gewalttätigen, erläutert eine Einzelheit, weist dann nochmals mit allem Nachdruck auf die überzeugende Anschaulichkeit der an einen wirklichen Felssturz in der Nähe Trients sich anlehnenden Schilderung hin und verfolgt den Gang des Gesanges in knapper Inhaltsangabe bis Vers 82, d. h. bis etwas über die Mitte (der ganze Gesang zählt 139 Verse). Wirkungsvoll schließt die eine starke Bejahung enthaltende rhetorische Frage: „Man frage nun seine Einbildungskraft, ob dieser ungeheure Berg- und Felsensturz im Geiste nicht vollkommen gegenwärtig geworden sei?"[1]) diesen

---

[1]) Die erst später durch die obigen Worte ersetzte Lesart „vollkommen lebendig sei" unterstreicht das Lob noch stärker und wurde vielleicht nur aus dem logischen Bedenken, das man einen Bergsturz nicht füglich als „lebendig" bezeichnen könne, unterdrückt.

Abschnitt ab. Noch weist er kurz auf den Gewinn durch Parallelstellen hin, sowie auf ein Motiv, das ihn besonders fesselte, wieder vor allem seiner Anschaulichkeit willen: der den Seelen öfters auffallende Schatten des körperlich unter ihnen wandelnden Dante, woran sie erkennen, daß er noch nicht zu den schattenlosen, weil körperlosen Toten gehört, sondern noch ein Lebendiger ist (vgl. Nr. 50). Es muß auffallen, daß Goethe bei der Wahl seines Beispieles keine der vielen (an sich gewiß ungleich wirksameren) dramatischen Stellen der Hölle herausgriff, sondern eine Reihe von einfach beschreibenden Versen dazu wählte, Verse, die zweifellos ein glänzendes Beispiel für die Anschaulichkeit Dantescher Schilderung geben, aber weder für seine gewaltige Phantasie noch für seine selbstherrliche Gestaltungskraft irgendwie charakteristisch genannt werden können. Gerade die von Goethe ausgelassene Stelle Inf. XII, 11—27, welche die Begegnung der beiden Dichter mit dem Minotaurus schildert, oder auch die unmittelbar anschließende Begegnung mit den Kentauren (Inf. XII, 46—139) hätten solche dramatisch bewegtere Episoden dargeboten.

Goethes eigene Übersetzung von Inf. XII, 1—10 und 28—45 schließt sich im ganzen ziemlich eng an den Text von Streckfuß an. Von den 28 übersetzten Versen sind 11 (nämlich Vers 6, 28, 30, 36, 38, 40—45) völlig unverändert übernommen, 6 (nämlich Vers 1, 4, 32, 34, 35, 37) nur wenig, manchmal nur in einem einzigen Worte verändert, und endlich 11 (nämlich Vers 2, 3, 5, 7—10, 29, 31, 33, 39) stark umgeändert, in einzelnen Fällen (die Verse 2 und 7—10) völlig neu geschaffen worden.

Der einzige Tadel, den Goethe Streckfuß gegenüber geäußert hatte, war der eines Mangels an Anschaulichkeit; es läßt sich also erwarten, daß Goethes Änderungen sich vor allem in dieser Richtung bewegen werden. In der Tat sind denn auch die ersten zehn Verse Goethes, verglichen mit Streckfuß' (wie sehr oft!) matter und holpriger Fassung, durchweg anschaulicher, lebendiger, sinnlicher ausgefallen. An Freiheiten dem Original gegenüber stehen sich die beiden wenigstens anfangs (Vers 1—3) ziemlich gleich. Aber wie kräftig und

plastisch setzt Goethe schon gleich mit dem ungewöhnlichen und überzeugend anschaulichen „Rauhfelsig" ein, wie matt ist dagegen „Rauh war die Stelle" bei Streckfuß, wobei beide allerdings gleich weit entfernt bleiben von dem ruhig epischen Berichte Dantes, in dem das entsprechende Wort „alpestro" erst Vers 2 und viel weniger betont auftritt. Auch die schwierige Stelle
e per quel ch' iv' er' anco
Tal ch' ogni vista ne sarebbe schiva,
die Streckfuß nicht ungeschickt umschreibt, gibt Goethe ganz frei wieder, wobei er freilich den endgültigen Ausdruck erst nach längerem Schwanken gefunden hat. In dem folgenden Prosa-Abschnitt erläutert er seine Meinung, durchaus abweichend von der Erklärung der ihm vorliegenden italienischen Ausgabe, die auf den Minotaurus geht und die auch neuerdings z. B. von Scartazzini aufrecht erhalten wird. Der Text fährt dann ebenfalls frei, aber flott und wirkungsvoll mit der Schilderung des Bergsturzes fort. Dabei bleibt allerdings ein mehr als gewagtes Bild stehen. Denn man kann wohl mit Streckfuß sagen, daß der Bergsturz den Schoß der Etsch ausfüllt, aber doch kaum mit Goethe, daß der Bergsturz den Schoß der Etsch verengt. Goethe denkt dabei an das Bett des Flusses, hat aber Schoß des Reimes wegen stehen lassen.[1]) Vers 7—10 dagegen sind zwar viel freier, aber auch viel schöner als bei Streckfuß wiedergegeben mit wahrhaft poetischem Schwunge, wobei Goethe auch vor einem Kraftwort wie „hingeschmissen" nicht zurückschreckt. Das im Zusammenhang immerhin nicht unwichtige Motiv Dantes, daß keinerlei Pfad über das Steingeröll hinunterführt, ist allerdings bei Goethe schließlich ganz weggefallen, während die frühere Variante von Vers 8 diesen Gedanken noch enthielt.

Das zweite Bruchstück (Vers 28—45) zeigt viel geringere Abweichungen vom Texte Streckfuß' als das erste. Die größte Verschiedenheit weisen noch die beiden ersten Terzinen auf, wo die Abänderung eines Reimwortes eine Reihe weiterer Veränderungen nach sich zog. Ich glaube, daß für Goethe

---

[1]) Auch die Variante „bedrängte" (statt verengte) erscheint recht gewagt, beweist aber jedenfalls, daß der Dichter selber hier in der Wahl seines Ausdrucks schwankte.

bei der primären Änderung in Vers 29 ausschlaggebend war die klangliche Wirkung der dreifachen Assonanz „schwankend aber wanken", die bei Dante kein Vorbild hat; ja dessen mit vorwiegend ganz hellen Vokalen wirkender Vers:
  Di quelle pietre che spesse moviensi
bringt klanglich eine gerade entgegengesetzte Wirkung hervor. Schwebte Goethe bei seiner Fassung vielleicht — möglicherweise halbbewußt nur — die Wirkung des berühmten Vossischen Homerverses: „mit Donnergepolter entrollte" vor? — Eine an dieser Stelle kaum gerechtfertigte Verstärkung gibt das „in düstersten Gedanken" (Vers 31) für Dantes „ich ging in Gedanken" (zugleich mit Umstellung und Einfügung in Virgils Rede), wofür allerdings schon Streckfuß mit seinem ebenso unberechtigten „tiefsinnig hergeschlichen" ein Vorbild bot.[1]) Wir finden also eine zweimalige Verstärkung des ursprünglichen, ganz einfachen Danteschen Ausdrucks „Io gia pensando" zu „da ich tiefsinnig hergeschlichen" bei Streckfuß und nochmals zu „in düstersten Gedanken" bei Goethe, eine Verstärkung, die sich auch äußerlich durch die erstmalige Verwendung eines Superlativs bei Goethe kennzeichnet. Die klangvollere Fassung von Vers 33 bei Goethe: „Von toller Wut, sie trieb ich in die Schranken" gibt die sicher beabsichtigte dreifache Alliteration des bei Streckfuß weicher fließenden Verses: „Von toller Wut, die meinem Wort gewichen" preis. Im folgenden sind nur noch Einzelheiten verändert. Eine Steigerung der Plastik des Ausdruckes mag man dabei in Vers 35 finden: „so tief ich abgedrungen" statt „so tief hereingedrungen", eine Verdeutlichung durch den Hinweis auf den ersten Höllenkreis im genaueren Anschluß an das Original in Vers 39: „des ersten Kreises große Beut' entrungen" statt „so edler Seelen großen Raub entrungen".

Zusammenfassend darf gesagt werden: Goethe verfährt mit dem Original freier als Streckfuß, er erstrebt und erreicht auch fast durchweg schönere Klangwirkungen als dieser, er verstärkt die Plastik des deutschen Ausdrucks mehrfach ganz wesentlich.

---

[1]) Interessant ist, daß das „düster" auch in allen, im übrigen verschiedene Fassungen versuchenden Varianten wiederkehrt.

Die diesmalige durch Streckfuß angeregte nähere Beschäftigung mit Dante blieb im eigenen Schaffen Goethes nicht ohne Folgen. Er schrieb im Anschluß an die Lektüre des Fegefeuers und des Paradieses in Streckfuß' Übertragung am 25. und 26. September 1826 das Gedicht „Schillers Reliquien" (wie der Titel mit von der Hellens an eine briefliche Äußerung Goethes gegen Zelter sich anschließende Fassung besser lautet als der erst nach Goethes Tod — von Riemer? — eingesetzte schwerfällige: „Bei Betrachtung von Schillers Schädel") in der Danteschen Form der Terzine (Nr. 39). Inhaltlich freilich sind seine tiefsinnigen pantheistischen Ewigkeitsgedanken von den dogmatisch theologischen Schilderungen des Jenseits bei Dante weit entfernt und mögen viel eher, wie schon Lœper bemerkt hat, in ihrem „großartigen Weltoptimismus" als Gegensatz zu Hamlets kirchhofsphilosophischen Schädelbetrachtungen erscheinen.[1]) Daß Goethe aber im ganzen mit der Übersetzerarbeit von Streckfuß (die er doch wohl höher einschätzt, als sie verdient!) befriedigt war, ergibt sich aus seinem Briefe an diesen vom 19. Juli 1827 (Nr. 41), worin er den Wunsch ausspricht, daß „der Übersetzer von Dante" seine Kunst auch an den von ihm so hochgeschätzten „Promessi sposi" Manzonis bewähren möchte. Die weiteren beiden gelegentlichen Erwähnungen Dantes im Jahre 1827 (Nr. 40 und 42) ergeben nichts Neues; ob Goethe die Einleitung Adolf Wagners zur Div. Com. (Nr. 42) gelesen, muß dahingestellt bleiben, ist aber bei dessen schlechtem Italienisch höchst fraglich, und von dem Hinweis auf seinen durch Dante inspirierten Achtzeiler vom Vorjahre (Nr. 40) ist schon oben (S. 56 f.) die Rede gewesen.

Die neue Übersetzung, die Prinz Johann von Sachsen (Philalethes) zunächst nur von den ersten zehn Höllengesängen als Privatdruck für Freunde 1828 herausgab, fesselte zwar Goethes Aufmerksamkeit (Nr. 43—45), doch kam es nicht zu der ursprünglich wohl beabsichtigten öffentlichen Aussprache darüber. Für Goethes künstlerisches Empfinden sehr bezeichnend ist seine Abneigung gegen die den Text unmittelbar,

---

[1]) Goethes Werke. Gedichte. Mit Einleitung und Anmerkungen von G. von Lœper. 3 Bde. 2. Auflage. Berlin. Hempel 1882—84. II (1883), 533.

Seite für Seite begleitenden Anmerkungen (Nr. 44). Diese halten sich zwar bei Philalethes noch meist in mäßigem Umfange, beanspruchen aber doch schon hie und da mehr als die Hälfte der Seite.[1]) Goethe mißt sogar diesen begleitenden Anmerkungen geradezu die Schuld daran bei, daß er bei der Lektüre dieser zehn Höllengesänge trotz der ihm „ganz angenehmen" Übersetzung „nicht zum Wiederanschauen des Gedichtes gelangt" sei, „das mir sonst schon so bekannt ist". Dieses „sonst schon so bekannt" bezieht sich nur auf das Inferno, von dem hier allein die Rede ist, und beruht hauptsächlich auf der erst zwei Jahre vorher erfolgten eingehenden Beschäftigung mit der Übersetzung von Streckfuß: ich halte es bei dem vorliegenden Material nicht für zulässig, aus dieser Stelle weit ausgreifende Schlüsse auf eine vertraute Bekanntschaft Goethes mit der ganzen Divina Commedia zu ziehen, die anderweitig nicht genügend bezeugt ist, und etwa mit Pochhammer auf Grund dieser Stelle (denn eine andre kann er als Beleg nicht anführen) zu sagen, „daß Goethe sich selbst als einen Kenner der Danteschen Dichtung [in ihrem ganzen Umfange, meint Pochhammer!] bezeichnet hat".[2])

Inwieweit die erst spät niedergeschriebenen, 1829 gedruckten Berichte der „Italienischen Reise" über das auf Dante bezügliche Literaturgespräch beim Grafen Fries mit der deutlich ironischen Abfuhr des jungen einheimischen Literaten, der jedem Ausländer ein Verständnis Dantes rundweg abspricht, und über die Aufnahme in die Arcadia, worin Dante ebenfalls erwähnt wird (Nr. 48 und 49), auf alten, den geschilderten Ereignissen gleichzeitigen Aufzeichnungen beruhen, ist, da diese fehlen, nicht mehr festzustellen. Doch geben auch sie, wie die noch folgenden Erwähnungen Dantes im letzten Bande von „Dichtung und Wahrheit" (Nr. 50) und in den nicht genau zu datierenden Aufzeichnungen zur „Metamorphose der Pflanzen" (Nr. 51 und 52) keinerlei neue Züge mehr für

---

[1]) In der ersten öffentlichen Ausgabe der „Hölle", Dresden 1839, in den ersten zehn Gesängen nur fünfmal S. 13, 31, 38, 42, 61.

[2]) Paul Pochhammer, Dante im Faust. Sonderabdruck aus der Beilage zur „Allgemeinen Zeitung" Nr. 105 und 106 vom 11. und 12. Mai 1898. München 1898, S. 4.

Goethes Bekanntschaft oder gar nähere Vertrautheit mit dem Sänger der drei ewigen Jenseitsreiche.

Wir können demnach für Goethes Bekanntschaft und Beschäftigung mit Dante, den vorliegenden Zeugnissen seiner eigenen Äußerungen nach, drei deutlich voneinander sich abhebende Perioden unterscheiden: eine erste, die vorwiegend unter romantischen Einflüssen steht (1799—1824); eine zweite, die durch die eingehende Beschäftigung mit der Übersetzung von Streckfuß ihr Gepräge erhält (1826/27); eine dritte, die sich durch das Interesse für die Übersetzung des Prinzen Johann von Sachsen und die Rückkehr zur Schilderung der Erlebnisse seines zweiten römischen Aufenthaltes kennzeichnet (1828—1830).

Dabei erscheint folgendes auffallend: Eine Beschäftigung mit Dantes Divina Commedia aus eigenem Antriebe ist nirgends nachzuweisen, immer ist es ein Anstoß von außen, der Goethe zu Dante führt; dieser Anstoß geht durchaus nicht immer von der literarischen Seite aus, sondern in vielen Fällen von seiten der bildenden Kunst. So sind es Flaxman (Nr. 3, 11, 46?), Orcagna (Nr. 5, nebenbei erwähnt auch Nr. 37 u. 37a), Michelangelo (Nr. 10), der Kampf gegen die Nazarener und gegen das Bild des (ungenannt bleibenden) Malers Schoppe (Nr. 13, 14, 22), Joseph Koch (Nr. 20), Dantebüsten und die Dantemedaille (Nr. 19, 24, 25), die ihn je und je veranlassen, sich bald nur flüchtig, bald wieder eingehender mit Dante zu befassen. Was in der vorhin abgegrenzten ersten Periode, zu welcher die Erwähnungen Dantes in der Cellini-Übersetzung einen Vorklang bilden, für Goethes Dantekenntnis von Wert ist, geht alles (sofern es nicht durch Orcagna, Michelangelo, Dantebüsten und die Dantemedaille angeregt ist) mittelbar oder unmittelbar von der Romantik aus: Flaxman erhält er durch August Wilhelm Schlegel, Schadow macht den künstlerisch gleichgesinnten Dichter gegen Schoppes Bild mobil, und in Prosa und Vers wird der Kampf gegen die romantischen, nach Goethes Auffassung krankhaften Irrwege in der Malerei geführt, wobei Dante als brauchbares Kampfmittel dienen muß. Auch der Übertritt Stolbergs steht dem romantischen Geist der Zeit nahe, und Grossi gehört in die Reihe der italienischen Romantiker, deren Hauptvertreter Manzoni ist, wie Byron als der Hauptvertreter der englischen Romantik gelten muß.

Vielleicht hat 1826 schon der Verkehr mit Abeken eine nähere Beschäftigung mit Dante zur Folge gehabt; nachweislich aber tritt eine solche ein, als Goethe im selben Jahre sich eingehend mit der Übersetzung von Streckfuß und infolge davon auch mit dem Original befaßt, das ihn, abgesehen von seinen Verbesserungen der Übersetzung von Streckfuß, nun auch unmittelbar zu eigener Produktion sowohl inhaltlich („Von Gott dem Vater stammt Natur") als formal („Schillers Reliquien") anregt. Diese Jahre 1826 und 1827 bezeichnen unverkennbar den Höhepunkt in Goethes Beschäftigung mit Dante: auf sie entfallen allein 17 Zeugnisse, während die lange erste Periode in fünfundzwanzig Jahren nur 25 Zeugnisse, die dritte in drei Jahren 10 Zeugnisse ergibt. Jn dieser letzten Zeit kehrt Goethe wieder nur gelegentlich auf Anregung von außen her (Philalethes, römische Erinnerungen) oder auch bei Erwähnung einer ihm schon früher besonders eindrücklichen Einzelstelle im letzten Bande von Dichtung und Wahrheit zu Dante zurück.

Goethe versucht immer wieder dem düsteren Ewigkeitswanderer, dem unerbittlichen Richter über die Toten so der Vergangenheit wie seiner eigenen Zeit gerecht zu werden. Aber was ihn dazu treibt, ist die verstandesmäßige Anerkennung seiner Größe; das Herz bleibt stumm. Dantes ganze Erscheinung in ihrer herben Schroffheit war und blieb ihm unsympathisch. Dafür besonders bezeichnend ist das Zeugnis eines Mitlebenden, Bernhard Rudolf Abekens, der ein eifriger Dantist war, zugleich im persönlichen Verkehr mit Goethe stand und ihm sein vortreffliches Buch über Dante mit einer schönen Widmung in Versen aus der Divina Commedia überreichte (vgl. S. 25 zu Nr. 26). Er schreibt: „Seit vielen Jahren beschäftigte ich mich mit Dante, für den Schelling schon in Jena mich begeistert hatte. Von ihm konnt' ich nicht lassen, obgleich mir nicht entgangen war, daß Goethe diesen Dichter, bei aller Anerkennung seiner Kunst, nicht liebte. Auch hier, wie bei der Hypothese eines vulkanischen Entstehens unseres Erdkörpers, fand er etwas seiner

Natur Widerstrebendes".[1]) Dieses „Widerstrebende" tritt immer wieder einmal zutage, so oft auch Goethe sich bemüht, Dantes Größe gerecht zu werden. Es ist eine ähnliche Erscheinung, wie sie uns, allerdings mit stärkerer Herzensanteilnahme von seiten des Dichters, bei Goethes Verhältnis zu Michelangelo entgegentritt, und ich glaube, sie läßt sich beide Male ähnlich erklären: wären die beiden, Michelangelo wie Dante, in ihrer ganzen Größe Goethe schon zur Zeit seines Sturms und Drangs bekannt geworden, so hätten verwandte Saiten in ihm angeklungen, und der Schöpfer des ersten Faustmonologes und des „Prometheus" hätte den Dichter des „Inferno" wie den Bildner der Titanengestalten der Sixtina wohl nicht nur verstehend und gerecht gewürdigt, sondern auch leidenschaftlich geliebt, hätte ihre Werke sich ganz zu eigen gemacht und, durch sie angeregt, Neues, Eigenes aufgebaut. So aber traten sie ihm beide erst später näher, in der Zeit seiner Klärung und Reife, Michelangelo in Rom zu einer Zeit, da Goethe, klassizistisch gesinnt, in Raffael und den (im Winckelmannschen Sinne der „edlen Einfalt und stillen Größe" aufgefaßten) Griechen das Letzte und Höchste aller Kunst sah. So mußte Buonarotti, war auch der erste Eindruck ein so gewaltiger, daß dem die Natur über alles liebenden Dichter „nicht einmal die Natur auf ihn schmeckt",[2]) doch „nach einer letzten großen Krisis, die Michelangelos Künstlerpersönlichkeit heraufbeschworen hatte"[3]) zurücktreten vor Raffael, von dem Goethe später schrieb: „er hat, wie die Natur, jederzeit Recht, und gerade da am gründlichsten, wo wir sie am wenigsten begreifen".[4]) Dante mag ihn vielleicht in Rom schon beschäftigt haben, sicher bezeugt ist dies jedoch erst in späterer Zeit, und ein eingehenderes Studium ist doch erst nachzuweisen

---

[1]) Goethe in meinem Leben. Erinnerungen und Betrachtungen von Bernhard Rudolf Abeken. Aus Abekens Nachlaß. Herausgeg. von Adolf Heuermann. Weimar 1904. S. 166 f. Die schöne Stelle, worin Abeken sich über den Einfluß Goethes auf seine Dantestudien ausspricht, habe ich schon S. 25 in der Erläuterung zu Nr. 26 angeführt.

[2]) Brief an die Weimarer Freunde. Rom, 2. Dez. 1786. W. A. IV. Abt. VIII, 71.

[3]) Theodor Volbehr, Goethe und die bildende Kunst. Leipzig 1893. S. 206.

[4]) Ital. Reise III. W. A. XXXII. 173.

für die Jahre des beginnenden Greisenalters. Michelangelo und Dante, die Titanen bildender und dichtender Kunst, hätten in der Zeit des jugendlich titanischen Ringens Goethes ihre volle Wirkung ausgeübt; dem gereiften klassischen Dichter vermochten sie wohl Interesse, Bewunderung und Verehrung, aber keine Liebe mehr abzugewinnen. Dieser sah alles Höchste in der Natur wie im Menschenschaffen nicht mehr im Revolutionär-Titanischen, sondern im organischen Wachsen und Werden. Nicht das ins Kolossale gesteigerte Übermenschliche war nun für Goethe mehr das Große, Wertvolle und Entscheidende, sondern das zur Harmonie der Schönheit beruhigte Reinmenschliche (man denke an die Entwicklung, die er seinen Faust durchleben läßt), und die Worte, die er an Sulpice Boisserée über Simrocks Erneuerung des Nibelungenliedes schrieb, dürften wohl auch für sein Verhältnis zu Dante ihre Gültigkeit haben: „Hier wird uns nun zu Mute wie immer, wenn wir aufs neue vor ein schon bekanntes kolossales Bild hintreten, es wird immer aufs neue überschwenglich und ungeheuer, und wir fühlen uns gewissermaßen unbehaglich, indem wir uns mit unsern individuellen Kräften weder dasselbe völlig zueignen noch uns demselben völlig gleichstellen können".[1]) Und noch auf ein anderes Wort Goethes sei verwiesen, das, gleich dem vorigen ohne unmittelbare Beziehung auf Dante gesprochen, doch sein Verhältnis zu diesem zu erhellen geeignet ist: „ . . über . . Abgeschiedene eigentlich Gericht zu halten, möchte niemals der Billigkeit gemäß sein. Wir leiden alle am Leben; wer will uns, außer Gott, zur Rechenschaft ziehen? Tadeln darf man keine Abgeschiedenen; nicht was sie gefehlt und gelitten, sondern was sie geleistet und getan, beschäftige die Hinterbliebenen. An den Fehlern erkennt man den Menschen, an den Vorzügen den Einzelnen; Mängel und Schicksale haben wir alle gemein, die Tugenden gehören jedem besonders".[2]) Enthalten diese Worte, besonders am Anfange, nicht eine deutliche Verurteilung des großen Gerichtes, das Dante in seiner Divina Commedia über die Toten der Vorwelt und der Mitwelt abgehalten hat?

---

[1]) Brief vom 4. November 1827. Sulpice Boisserée. Zweiter Band. Briefwechsel mit Goethe. Stuttgart 1862. S. 491.

[2]) Kleine Biographien zur Trauerloge am 15. Juni 1821. W. A. XXXVI. 363.

Drittes Kapitel.
Spuren Dantes in Goethes eigener Dichtung.

Wir wenden uns zu den im ganzen spärlichen, wirklichen oder vermeintlichen Anklängen an Dante in Goethes eigenem Schaffen, wobei ich zunächst die hier wichtigste Dichtung, Faust, beiseite lasse, um die daran sich anschließenden Fragen nachher zusammenhängend zu behandeln. Bis gegen Ende der ersten Weimarer Zeit, der sogenannten „zehn Jahre", scheint sich ein solcher Anklang nicht zu finden. Und auch dann ist der erste, auf den man hingewiesen hat, wie sein Entdecker übrigens selber betont, sicher kein bewußter, sondern ein zufälliger. Max Koch[1]) macht in seiner nachspürsamen und feinsinnigen Art darauf aufmerksam, daß die Schilderung des Morgennebels und der darüber siegenden Sonne in den ersten Strophen der „Zueignung" an die ähnliche Schilderung Dantes in Purg. XVII erinnere. Goethes Gedicht und sicher gerade diese Stelle ist am 8. August 1784 auf der Harzreise bei dem durch einen Achsenbruch am Wagen verursachten unfreiwilligen Aufenthalt in Dingelstädt entstanden,[2]) in Erinnerung an einen Natureindruck in Jena; denn am 12. Dezember 1785 schreibt Goethe an Frau von Stein aus Jena: „Die Tage sind sehr schön; wie der Nebel fiel, dachte ich an den Anfang meines

---
[1]) Berichte des freien deutschen Hochstiftes zu Frankfurt a. M. N. F. XI, 1895, S. 288.

[2]) Vgl. die Briefe vom 8. August 1784 an Herders und an Frau von Stein. W. A. IV. Abt. VI, 333, 334.

Gedichts. Die Idee dazu habe ich hier im Tale gefunden."[1]) Es bedurfte dafür gewiß keiner literarischen Anregung irgendwelcher Art, auch völlig abgesehen davon, daß allen überlieferten Zeugnissen nach Goethe damals Dante noch ganz ferne stand. Aber als ein Beweis dafür, wie zwei große, zeitlich durch rund fünf Jahrhunderte getrennte Dichter einen starken Natureindruck ähnlich aufnehmen und in ihrer Dichtung ähnlich verwerten, ist die Parallele, mit Koch zu sprechen, „interessant" genug, und ich möchte sie hier als einen stimmunggebenden Akkord nicht missen.

    Und wie ich stieg, zog von dem Fluß
        der Wiesen
10 Ein Nebel sich in Streifen sacht hervor.
    Er wich und wechselte mich zu umfließen
    Und wuchs geflügelt mir ums Haupt
        empor:
    Des schönen Blicks sollt' ich nicht
        mehr genießen,
    Die Gegend deckte mir ein trüber Flor;
15 Bald sah ich mich von Wolken wie
        umgossen
    Und mit mir selbst in Dämm'rung
        eingeschlossen.
      Auf einmal schien die Sonne
        durchzudringen,
    Im Nebel ließ sich eine Klarheit sehn.
    Hier sank er leise sich hinabzuschwingen,
20 Hier teilt' er steigend sich um Wald
        und Höh'n.

(Purg. XVII, 1—9.)
Riccorditi, lettor, se mai nell' alpe
Ti colse nebbia, per la qual vedessi
Non altrimenti che per pelle talpe;
Come, quando i vapori umidi e spessi
A diradar cominciansi, la spera
Del Sol debilemente entra per essi;
E fia la tua imagine leggiera
In giugnere a veder, com'io rividi
Lo Sole in pria, che già nel corcare era.

Die Zeit ist verschieden, bei Goethe Morgennebel und Sonnenaufgang, bei Dante Abendnebel und Sonnenuntergang; aber diese Schilderung des langsam die Nebel durchdringenden Sonnenlichtes (Goethe Vers 17—20, Dante Vers 4—6) zeigt auffallende Ähnlichkeit und beweist, wie derselbe Naturvorgang beide Dichter gefesselt haben muß. Dagegen ist die Schilderung der vom Nebel um den Dichter verbreiteten Düsternis,

---

[1]) W. A. IV. Abt. VII, 139. Schon Loeper macht auf die Stelle aufmerksam: Goethes Werke. Gedichte. Erster Band. 2. Auflage. Berlin 1882. S. 266.

die Goethe so fein als „Dämmerung" charakterisiert, bei Dante sehr viel drastischer gegeben durch das realistische Bild vom Maulwurf. Und ich meine, gerade diese Stelle ist beweisend dafür, daß Goethe den Anfang dieses Danteschen Gesanges nie oder jedenfalls nie mit voller Aufmerksamkeit gelesen hat; sonst müßte gerade ihm, der die Natur so leidenschaftlich liebte und so genau kannte, dieses ungemein anschauliche Bild vom lichtblinden Maulwurf eindrücklich geblieben sein und wohl auch in seiner eigenen Dichtung irgendwo eine Spur hinterlassen haben.

Ich habe schon früher darauf hingewiesen, wie große Wahrscheinlichkeit dafür spricht, daß Goethe in Italien doch wohl die Divina Commedia zur Hand genommen habe, wenn auch ein unmittelbares Zeugnis dafür nicht beizubringen ist. Jene Schilderung des Literaturgespräches beim Grafen Fries (Nr. 48), an dem Goethe ja tatsächlich als einer, der die Dantesche Dichtung kennt, teilnimmt, liegt uns nur in der Fassung aus so später Zeit vor, daß daraus ein zwingender Schluß auf die römischen Tage nicht gezogen werden kann. Die an sich große Wahrscheinlichkeit aber, daß Goethe dabei doch an tatsächliche Dantelektüre in Rom sich erinnerte, wird gesteigert durch eines der wenige Jahre später entstandenen „Venezianischen Epigramme", das auffallende Dante-Reminiszenzen enthält. Es ist das 41. (42.) der Reihe:[1])

So verwirret mit dumpf willkürlich verwebten Gestalten,
Höllisch und trübe gesinnt, Breughel den schwankenden Blick;
So zerrüttet auch Dürer mit apokalyptischen Bildern,
Menschen und Grillen zugleich, unser gesundes Gehirn;
5 So erreget ein Dichter, von Sphinxen, Sirenen, Kentauren
Singend, mit Macht Neugier in dem verwunderten Ohr;
So beweget ein Traum den Sorglichen, wenn er zu greifen,
Vorwärts glaubet zu gehn, alles veränderlich schwebt:
So verwirrt uns Bettine, die holden Glieder verwechselnd;
10 Doch erfreut sie uns gleich, wenn sie die Sohlen betritt.

Wenn wir bei dem Dichter, der (Vers 5) von Sphinxen,

---

[1]) Datiert sind die Epigramme bekanntlich „Venedig 1790". Erster Druck in Schillers Musenalmanach für das Jahr 1796. W. A. I, 317f.

Sirenen und Kentauren singt, auch unwillkürlich zuerst an Goethe selber und seine klassische Walpurgisnacht im II. Faust denken, so kann doch davon 1790 selbstverständlich noch keine Rede sein. Vielmehr dürfte Goethe hier an Dante gedacht haben, der ja tatsächlich in der Divina Commedia die Sphinx erwähnt (Purg. XXXIII) und von Sirenen gelegentlich (Purg. XIX als Verkörperung der falschen weltlichen Glückseligkeit in einer Vision Dantes, Purg. XXXI, Par. XII), von Kentauren öfters und ausführlich (Inf. XII, XXV, Purg. XXIV) spricht. Wie nun, wenn unsere Vermutung richtig ist, hier Dante und Dürer einander nahegerückt werden, so dürfen wir, glaube ich, auch den Inhalt eines viel späteren Spruches in Prosa über Dürer, ohne fehlzugreifen, ebenso für Dante von Goethe gesagt sein lassen: „Weil Albrecht Dürer, bei dem unvergleichlichen Talent, sich nie zur Idee des Ebenmaßes der Schönheit, ja sogar nie zum Gedanken einer schicklichen Zweckmäßigkeit erheben konnte, sollen wir auch immer an der Erde kleben?"[1]

Der Dante-Enthusiast Paul Pochhammer, der sich um Dantes Bekanntwerden in Deutschland neuerdings durch seine Schriften und Übersetzungen, besonders aber durch seine Wandervorträge so große Verdienste erworben hat, faßt den Riesen in Goethes „Märchen"[2] in den „Unterhaltungen deutscher Ausgewanderten" als Frankreich auf[3] und verweist dafür als Parallele auf die bekannte Stelle der Vision Dantes im irdischen Paradies (Purg. XXXII, 152), wo ebenfalls Frankreich als Riese erscheint, der die Hure, das Sinnbild der entarteten Kirche, mit sich fortschleppt, d. h. ins Exil nach Avignon führt. Bei der Vieldeutigkeit dieser Goetheschen „Märchen"-Gestalten mag auch diese Erklärung neben andern berechtigt erscheinen; der Rückschluß auf Dante erscheint mir jedoch in keiner Weise beweiskräftig.

Dann vermag ich wieder während zweier Jahrzehnte keine Stelle aufzuzeigen, die deutlich auf Dante hinwiese, bis in den

---

[1] Erster Druck: Ausgabe letzter Hand XLIV (Nachgelassene Werke IV), 248.

[2] Der erste Druck erfolgte bekanntlich in Schillers Horen. Erster Jahrgang 1795. IV, 108—152. W. A. XVIII, 225—278.

[3] Goethes Märchen. Im Goethe-Jahrbuch XXV, 116 ff. (1904).

Veröffentlichungen von 1814 und 1815 zwei Äußerungen rasch aufeinander folgen, die kaum anders denn als Reminiszenzen einer und derselben Dantestelle zu fassen sind. Ich meine einmal den folgenden Abschnitt im dritten Teil von „Dichtung und Wahrheit" (Elftes Buch): „Unser Leben ist, wie das Ganze, in dem wir enthalten sind, auf eine unbegreifliche Weise aus Freiheit und Notwendigkeit zusammengesetzt. Unser Wollen ist ein Vorausverkünden dessen, was wir unter allen Umständen tun werden. Die Umstände aber ergreifen uns auf ihre eigene Weise. Das Was liegt in uns, das Wie hängt selten von uns ab, nach dem Warum dürfen wir nicht fragen, und deshalb verweist man uns mit Recht aufs Quia."[1]) Sodann den Reimspruch aus den Gedichten „Gott, Gemüt und Welt":

Wie? Wann? und Wo? — Die Götter bleiben stumm!
Du halte dich ans Weil, und frage nicht Warum?[2])

Beide Male hören wir einen auffallenden Anklang an den Dante-Vers, Purg. III, 37:

State contenti, umana gente, al quia,

womit allerdings bei Dante sich die Warnung verbindet, doch ja nicht das Geheimnis der Dreieinigkeit mit menschlicher Vernunft klügelnd erfassen zu wollen. Der Zusammenhang, in dem die Verse in der Divina Commedia stehen, ist also so ungoethisch als immer möglich. Doch bleibt der Zusammenklang auffallend, um so mehr, als gerade der italienische Einzelvers mit dem ungewöhnlichen lateinischen Reim- und Schlagwort sich dem Gedächtnis leicht einprägt, und Goethe ihn leicht ohne Erinnerung des Zusammenhangs, in dem er bei Dante steht, behalten haben mag.

Nur die geistvolle Parallele eines vielbelesenen Mannes, der gern ins Weite schweift, ohne jeden Gedanken an eine unmittelbare Einwirkung von seiten Dantes ist es, wenn Richard M. Meyer[3]) durch Goethes West-östlichen Divan

---

[1]) Erster Druck: Dichtung und Wahrheit. 1814. III, 75. — W. A. XXVIII, 50.
[2]) Erster Druck: Goethes Werke. Stuttgart und Tübingen 1815. II, 212. — W. A. II, 216.
[3]) Goethe, 3. Auflage 1905. II, 642.

im ganzen wie im Aufbau an die Divina Commedia erinnert wird: „Wie dieses Werk hat der Divan keinen anderen Mittelpunkt als den Dichter, der in aufsteigender Wanderung über Zeit und Welt Ausschau hält." Gerade R. M. Meyer hat die Stellung Goethes zu Dante meines Erachtens in der Hauptsache völlig richtig erfaßt, wenn er bemerkt: „Mit weniger innerm Anteil schreibt er ‚Über Dante'; der große Seher, der mit so ungeheurer Energie „das Imaginative verwirklicht" hat, ist ihm nie recht vertraut gewesen; neben Cervantes und mehr noch als dieser war Dante unter den Mitfürsten auf dem Parnaß der einzige, dem Goethe nur mit kühlem Gruß der Hochachtung zu begegnen pflegte."[1] — Reine Phantastereien ohne jede Spur wissenschaftlicher Begründung sind die Dante-Reminiszenzen, die Pastor Graefe in einem Büchlein, das ein paradoxes Unikum in der deutschen Danteliteratur bildet,[2] im Wilhelm Meister finden will, Phantastereien, die schon Farinelli mit gebührender Schneidigkeit zurückgewiesen hat.[3] Auch von Loeper führt in seiner reichen Belesenheit noch zu einer Reihe von Stellen in Goethes Gedichten Parallelen aus Dante an, die mir alle recht weit hergeholt erscheinen und mehr als Beweise für das vortreffliche Gedächtnis und die findige Kombinationsgabe des Erklärers denn als Beweise für eine tiefergehende Kenntnis Dantes bei Goethe oder gar für eine Beeinflussung Goethes durch Dante gelten können. Solche Stellen, die ich hier der Vollständigkeit halber zusammenreihe, sind folgende: Bei Goethes in Italien entstandenem Gedichte „Amor als Landschaftsmaler" erinnert Loeper daran, daß auch Dante in seinen Sonetten Amor in ähnlicher Weise persönlich einzuführen liebe,[4] einmal in dem von Fraticelli als unecht erklärten Sonett „Un di si venne a me Melanconia,"[5] das andere

---

[1] ebd. S. 699.

[2] An — Dante. Divina Commedia als Quelle für Shakespeare und Goethe. Drei Plaudereien von B. Graefe, Pastor. Leipzig 1896.

[3] Arturo Farinelli, Dante e Goethe, Firenze 1900. S. 18, 35.

[4] Goethes Gedichte. Herausgegeben von Loeper, 2. Auflage. Berlin 1882. II, 418 f.

[5] Il Canzoniere di Dante Alighieri ed. Fraticelli, 4. ed. Firenze 1887. S. 274.

Mal in dem Sonette „Cavalcando l'altr'ier per un cammino".[1])
Ferner erinnert er zu der 53. Zahmen Xenie:

> Ins Sichere willst du dich betten?
> Ich liebe mir inneren Streit:
> Denn wenn wir die Zweifel nicht hätten,
> Wo wäre denn frohe Gewißheit?

an Par. IV, 130—132:

Drum sproß dem Schößling gleich am Fuß der Wahrheit	Nasce per quello a guisa di rampollo
Der Zweifel auf, und unsere Natur ist's, Die uns zum Gipfel treibt von Höh' zu Höh'n.	Appiè del ver' il dubbio; ed è natura Ch'al sommo pinge noi di collo in collo.[2])

Zu den Versen der 282. Zahmen Xenie:

> Noch bin ich gleich von euch entfernt,
> Haß euch Zyklopen und Silbenfresser!

bemerkt er: „auch Dante spricht vom ‚fabbro del parlar materno'" (die Stelle steht Purg. XXVI, 117)[3]); und zum Schluß der Zahmen Xenie 513:

> Ich habe der Deutschen Juni gesungen,
> Das hält nicht bis in Oktober

sagt er: „der Zeitverlauf nach Dantes Purg. VI, 144 f.:

> A mezzo Novembre
> Non giunge quel che tu d'Ottobre fili."[4])

In den „Geheimnissen" erinnern die frommen Ritter Loeper „an die Edlen Dantes unter den Heiden" (Inf. IV, 112 f.):

---

[1]) a. a. O. S. 78.

[2]) a. a. O. III, 109, wo irrtümlich Par. IV, 124 f. steht. Besser als der von Loeper angeführte Philalethes übersetzt Streckfuß III, 28 die Stelle:
> Dann läßt der Geist, wenn er die Wahrheit sah,
> An ihrem Fuß den Zweifel Wurzel schlagen
> Und treibt von Höh'n zu Höh'n dem Höchsten nah.

[3]) a. a. O. III, 194: „Der Sprache bess'rer Schmied war jener dort" übersetzt Streckfuß II, 176.

[4]) a. a. O. III, 295 und 296. Recht frei bei Streckfuß II, 41:
> Denn wenn du's im Oktober angesponnen,
> Zerreißt es im November kurz und klein.

Man bemerke auch wohl, daß bei Dante der Zwischenraum nur einen, bei Goethe dagegen vier Monate beträgt.

„Hier waren Leute stillen, ernsten Blickes usw.",[1]) und in der Marienbader „Elegie" verweist er zu den Versen 73 f.:

 Dem Frieden Gottes, welcher euch hienieden
 Mehr als Vernunft beseliget, wir lesens

nicht nur auf Wandrers Nachtlied und den „Brief an Lavater Nr. 13 (1778)", sondern auch auf Dante, der jenen Frieden als das höchste Gut, das identisch sei mit dem Anschauen Gottes, preise (Par. III, 85, XXX, 102).[2]) Der Brief an Lavater (ohne Datum) ist hier noch nach dem ersten Druck in Hirzels Ausgabe datiert,[3]) während ihn die Weimarer Ausgabe[4]) in den Januar 1775 verlegt. Es sind die bekannten schönen Worte: „Der Friede Gottes, der sich täglich mehr an mir offenbaret, walte auch über dich und den Deinigen. Und daß dein Glaube unüberwindlich werde, sieh hier wieder, daß er mich überwindet." Zeitlich viel näher liegen dem am 5.—7. und 12. September 1823 entstandenen Gedichte[5]) die Worte des Briefes an Nees von Esenbeck vom 22. August ff. 1823: „Möcht' ich mich fromm und kurz fassen, so müßt' ich sagen: es kam augenblicklich der Friede Gottes über mich, der, mich mit mir selbst und mit der Welt ins Gleiche zu setzen, sanft und kräftig genug war."[6]) Man braucht hier wahrlich nicht in Dantes weit entlegenes Paradies zu greifen, um den Goethe damals so naheliegenden Ausdruck zu erklären, und ebensowenig für die vorher angeführten Stellen an das Purgatorio zu erinnern.

 In jener Zeit, da wir den unmittelbaren Zeugnissen zufolge die stärkste Beschäftigung Goethes mit Dante ansetzen müssen, spiegelt sich (immer einstweilen noch abgesehen von

---

  [1]) a. a. O. II, 367 f.
  [2]) a. a. O. II, 392.
  [3]) Briefe Goethes an Lavater, herausgegeben von Hirzel, Leipzig 1833. S. 37.
  [4]) W. A. IV. Abt. II, 226.
  [5]) Vgl. W. A. III. Abt. IX, 109 ff. und dazu Bernhard Suphan in seinem Begleittext zu dem prächtigen Faksimiledruck der „Elegie" nach Goethes Reinschrift, Schriften der Goethe-Gesellschaft. 1900. XV, 13.
  [6]) W. A. IV. Abt. XXXVII, 185. Ebenfalls schon von Loeper (nach dem früheren Druck in Goethes naturwissenschaftlicher Korrespondenz, Leipzig 1874, II, 58) zu dieser Stelle angezogen: Goethe-Jahrbuch 1887. VIII, 173.

Faust, wie hier nochmals betont sei) dieser Höchststand seines Danteinteresses auch darin wieder, daß er für ein eigenes Gedicht die Dantesche Terzine in ihrer strengen, in Deutschland immer noch seltenen, dreifach gereimten Form anwendet. Es ist das schon früher (Nr. 39) erwähnte Gedicht „Schillers Reliquien" (oder mit dem früheren, nicht von Goethe herrührenden Titel „Bei Betrachtung von Schillers Schädel"), worüber schon oben (S. 38 und 63) das Nötige bemerkt wurde. Endlich finden wir noch in den zuerst in „Wilhelm Meisters Wanderjahren" als Füllsel unter dem Titel „Aus Makariens Archiv" veröffentlichten Sprüchen in Prosa die Maxime: „Nachdenken und Handeln verglich einer mit Rahel und Lea; die eine war anmutiger, die andere fruchtbarer."[1]) Ihre Beziehung zu Dante ist allerdings eine sehr unsichere. Doch läßt die mehrfache Erwähnung der beiden alttestamentlichen Frauen in der Divina Commedia (Rahel: Inf. II, IV; Purg. XXVII; Par. XXXII. Lea: Purg. XXVII) eine solche immerhin als möglich erscheinen, um so eher, als die Kommentatoren dabei mit Nachdruck auf die gegensätzliche symbolische Bedeutung der Schwestern als Vertreterinnen der vita contemplativa und der vita activa, des beschaulichen und des tätigen Lebens, hinzuweisen pflegen. Aber dieser Gegensatz ist ein dem ganzen Mittelalter und noch der Renaissance geläufiger und konnte Goethe ebensowohl und besser durch Werke der bildenden Kunst, beispielsweise durch die beiden Gestalten rechts und links von Michelangelos Moses am Grabdenkmal Papst Julius des Zweiten in S. Pietro in Vincoli in Rom nahegebracht werden. Einen alten italienischen Stich nach diesem Grabmal vom Jahre 1554 besaß Goethe;[2]) auch eine kleine Bronzekopie der Mosesstatue war seit dem Jahre 1812 in seinem Besitze.[3])

Mag mir auch der eine oder andere Anklang an Dante in Goethes Dichtung entgangen, mögen mir weitere Parallelen, die andere (besonders auch ältere) Literarhistoriker hervorge-

---

[1]) Erster Druck: A. l. H. XXIII, 274.
[2]) Schuchardt, Goethes Kunstsammlungen I, 18, Nr. 153.
[3]) Ebd. II, 20, Nr. 104. Vgl. Tag- und Jahreshefte 1812. W. A. XXXVI, 77.

hoben haben, nicht bekannt geworden sein, so ergibt sich doch jedenfalls aus dem bisher Gesagten, daß von einer starken oder in irgendwelchem wichtigen Werke gar entscheidenden Beeinflussung Goethes durch Dante nicht gesprochen werden kann. Das ändert sich nun oder scheint sich wenigstens zu ändern, sobald wir das große Lebenswerk Goethes, die **Faustdichtung**, genauer ins Auge fassen. Hier soll an mehreren, zum Teil entscheidenden Punkten Dante einen tiefgehenden Einfluß ausgeübt haben. Davon muß nun im einzelnen die Rede sein.

Vorangeschickt sei zunächst, daß natürlich die Analogie, die im Großen besteht zwischen den beiden Menschheitsgedichten des beginnenden vierzehnten und des beginnenden neunzehnten Jahrhunderts, in keiner Weise geleugnet werden soll und kann. Schon Daniel Stern hat in ihrem schönen Buche von 1866[1]) die Hauptpunkte, welche eine solche Zusammenstellung, eine solche Vergleichung rechtfertigen, treffend zusammengefaßt: Es handelt sich hier wie dort um die umfassende Darstellung des Menschenlebens auf Erden und im Himmel, hier wie dort um die Beziehungen zwischen Mensch und Gott, um den Kampf zwischen Gut und Böse im Menschen, um das Heil seiner unsterblichen Seele. Und wie Dante der Held und das einzige Band der Divina Commedia ist, so ist Faust der Held und das einzige Band der Fausthandlung (wobei allerdings Stern, wie mir scheint, ganz die zweite durch die ganze Handlung durchgehende Hauptfigur, Mephistopheles, vergißt). Beide Dichtungen schließen im Mysterium einer transzendentalen Gotteswelt, zu deren höchsten Sphären die einst

---

[1]) Daniel Stern (Pseud. für Gräfin d'Agoult), Dante et Goethe, Dialogues. Paris 1866. Daß die Romantiker schon früher gelegentlich den Vergleich gezogen, ist bekannt. Ich erinnere etwa an Friedrich Schlegel, der im „Gespräch über die Poesie" (Athenäum III, 1800) schon das Faustfragment zum Größten gerechnet hat, was die Dichtung aller Zeiten besitze, und im Anschluß daran Goethe feierte als „Stifter und Haupt einer neuen Poesie für uns und die Nachwelt", wie es einst Dante im Mittelalter gewesen (a. a. O. S. 181), oder an Schelling, der vom Faust sagte, das Werk habe „eine wahrhaft Dantesche Bedeutung, obgleich es weit mehr Komödie und mehr im poetischen Sinne göttlich ist als das Werk des Dante". (Sämtl. Werke, I. Abt. V, 156.)

auf Erden geliebte Frau durch ihr Gebet zur Himmelskönigin den Helden den Zugang eröffnet. Beide Werke, erwachsen aus volkstümlichem Glauben und volkstümlichen Überlieferungen, führen auf die höchsten Höhen erhabener Kunstdichtung und behandeln im letzten Grunde religiöse Probleme, beide sind Lebenswerke ihrer Dichter, beide gipfeln in symbolischer Darstellung des in anderer Weise dem menschlichen Geiste nicht faßbaren Überirdischen. Beide bringen das ganze umfassende Wissen ihrer Verfasser ebenso imponierend zum Ausdruck, wie sie ihre sprachschöpferische Macht, ihre unbegrenzte Herrschaft über alle metrischen und rhythmischen Feinheiten beurkunden.

Nicht auf diese großen und allgemeinen Züge aber, die eine Vergleichung der beiden Dichtungen nicht nur rechtfertigen, sondern auch stets aufs neue dazu anreizen, handelt es sich hier.[1]) Es handelt sich vielmehr darum, wie weit im einzelnen ein unmittelbarer Einfluß von seiten Dantes auf Goethes Faustdichtung nachweisbar ist.[2]) Ein solcher ist vor allem für

---

[1]) Eine kurze Gegenüberstellung der beiden Dichter und ihrer Lebensdichtungen, nach ihrer Ähnlichkeit und ihrer (größeren) Verschiedenheit, wie ich sie in der Einleitung meiner Faust-Vorlesungen zu geben pflege, ist gedruckt in Wilhelm Bodes Zeitschrift „Stunden mit Goethe" II, 5 f. — Erst nach Abschluß meiner hier vorliegenden Arbeit erhielt ich das Buch von Karl Voßler, Die göttliche Komödie. Entwicklungsgeschichte und Erklärung. Heidelberg 1907. I. Band, I. Teil. Es enthält als Einleitung (S. 1—20) ein Kapitel: „Goethes Faust und Dantes göttliche Komödie". Ihre Verwandtschaft faßt jedoch Voßler nicht als „eine tatsächliche und geschichtliche", sondern als „eine rein geistige, innere und eben darum tiefere" (S. 1). Gegen Pochhammer (s. u.) richtet er sich geradewegs mit dem Satze: „Vergeblich hat man sich bemüht, den ‚Dante im Faust' zu finden." Nur in der symbolischen Bedeutung Gretchens und Beatrices als Erfüllerinnen des Wortes „Das Ewig-Weibliche zieht uns hinan" erkennt Voßler eine tatsächliche Berührung der beiden Dichter, was doch wohl, wie aus meinen Ausführungen hervorgehen dürfte, nicht aufrecht zu erhalten ist. Seine weiteren Erörterungen über die Verschiedenheit des Planes (S. 2—8) und über die Verschiedenheit der Ausführung (S. 9—12), sowie über geistige Eigenart und Verwandtschaft (S. 12—20) sind in ihrer Knappheit vortrefflich. „Dort [Faust] die Herrschaft des Willens in dramatischer, hier [Div. Com.] die Herrschaft der Wahrheit in visionärer Form."

[2]) Vgl. zu den folgenden Ausführungen durchweg Erich Schmidts vortreffliche Studie „Danteskes in Faust". Archiv f. d. Studium der neueren Sprachen und Literaturen. 1901. CVII, 241 ff.

drei wichtige Punkte der Faustdichtung mit besonderem Nachdruck behauptet worden: für die Anfangs- und Schlußszenen des zweiten Teiles und, allerdings soweit ich sehen kann, nur von einer Seite, auch für den „Prolog im Himmel". Überall sonst handelt es sich um Einzelparallelen, über deren Wert und Bedeutung man sehr verschiedener Meinung sein kann; hier aber sollen die entscheidenden Anregungen von Dante ausgegangen sein.

Was zunächst den „Prolog im Himmel" betrifft, so halte ich gerade hier irgendwelchen tieferen Zusammenhang mit Dante für ausgeschlossen. Goethe, der mit solcher Offenheit auf die Anregung durch den Hiob der Bibel selber hingewiesen hat,[1]) hätte sicherlich auch eine ebenso starke Anregung durch Dante nicht verschwiegen. Doch sei dem, wie ihm wolle, die Dichtung selber berechtigt meines Erachtens in keiner Weise dazu, hier eine Abhängigkeit von Dante, ja auch nur eine Erinnerung an Dante anzunehmen. Nun sagt allerdings Paul Pochhammer, der weitgehendste aller Dantefinder im Faust, einmal in einem vom 5. August 1897 datierten Vorwort:[2]) „... gerade heut, wo der ‚Prolog im Himmel' die erste Jahrhundertfeier seiner Abklärung aus dem zweiten Inferno-Gesang begeht" und wiederholt ähnlich noch sieben Jahre später: „... Goethe, der zwei Jahre später im ‚Prolog im Himmel' eine so sichere Dante-Kenntnis offenbart",[3]) ohne daß er jedoch meines Wissens diese Behauptungen irgendwo genauer ausgeführt oder begründet hätte.[4]) Dagegen ist zunächst

---

[1]) Gespräch mit Kanzler von Müller und Eckermann, 17. Dezember 1824; Gespräch mit Eckermann u. a. 18. Januar 1825; Gespräch mit Crabb Robinson zwischen dem 13. und 19. August 1829. (Goethes Gespräche, herausgegeben von W. von Biedermann. V, 120, 133; VII, 107.)

[2]) P. Pochhammer, Durch Dante. Ein Führer durch die „Commedia" in 100 Stanzen und 10 Skizzen. Zürich und Leipzig o. J. S. 9.

[3]) Paul Pochhammer, Goethes Märchen. Goethe-Jahrb. 1904. XXV, 120, Anm. 2.

[4]) In seinem Werke: Dantes Göttliche Komödie in deutschen Stanzen frei bearbeitet, Leipzig 1901, S. 405 bezeichnet Pochhammer umgekehrt den zweiten Inferno-Gesang als einen „Prolog im Himmel", ohne jedoch hier auf Goethe zurückzukommen.

zu sagen: die „so sichere Dantekenntnis" Goethes im Jahre 1797 ist eine unbeweisliche Voraussetzung Pochhammers. Eine solche eindringende Dantekenntnis ist für diese Zeit zwar nicht schlechthin unmöglich, aber doch sehr unwahrscheinlich und jedenfalls auf Grund des uns vorliegenden tatsächlichen Materials für eine wissenschaftliche Beweisführung ganz auszuscheiden. (Vgl. oben Kapitel 2 am Anfang.) Ich verstehe aber auch trotz mehrfacher Vergleichung nicht, wieso der „Prolog im Himmel" eine Abklärung aus dem zweiten Inferno-Gesange sein soll. Nur an einer einzigen Stelle vermag ich eine entfernte Ähnlichkeit zu entdecken. Wenn Virgil (Inf. II, 61—67) als Aufmunterung für Dante die Worte der Beatrice wiederholt:

L'amico mio e non della ventura	Mein Freund, doch nicht der Freund des Glückes, irrt,
Nella diserta piaggia è impedito	Gehemmt im Weg am einsamen Gestade
Sì nel cammin, che vôlto è per paura.	Und wendet sich, von Furcht und Angst verwirrt.
E temo che non sia già sì smarrito	Schon fürcht' ich, irrt er so von seinem Pfade,
Ch'io mi sia tardi al soccorso levata, Per quel ch'io ho di lui nel cielo udito.	Daß ich, so sagte man im Himmel mir, Zu später Hilfe Vorwurf auf mich lade.

so mag man ja bei diesem irdischen Irrwegen verfallenden Dante an den im Erdenleben irrenden Faust denken, den der Herr trotz solcher auf Erden unvermeidlicher Irrungen („Es irrt der Mensch, solang er strebt") seinen Knecht nennt. Aber Dante, der durch das Eingreifen dreier heiliger Frauen (der Himmelskönigin, der hl. Lucia und Beatrices) unter Führung zunächst des Virgil, später Beatrices selber die drei Ewigkeitsreiche durchwandert, und Faust, der durch Zulassung Gottes unter Führung Mephistos sich selbständig durch die kleine und die große Welt dieser Erde durchschlagen muß, um so jeder auf eigenem, von dem des andern grundverschiedenem Wege die innere Läuterung zu gewinnen und schließlich zur vollen Klarheit in der Ewigkeit zu gelangen, sind dabei doch völlig verschiedene Gestalten. Daran ändert auch der (meiner Auffassung nach rein zufällige) Zusammenklang eines allerdings bedeutsamen Wortes nichts. Es handelt sich um die Stelle in Purg. XVII, wo Virgil in seiner Schilderung derer, die zum Guten träge waren, Vers 127 f. sagt:

>Ciascun confusamente un ben apprende,
>Nel qual si quieti l'animo...[1])

und des Herrn Wort zu Mephisto:

>Wenn er mir jetzt auch nur verworren dient.

Nun sagt Pochhammer, der diesen Zusammenklang nicht als erster[2]) hervorhebt: „Es ist sehr wohl möglich, daß das Goethesche Beiwort „verworren" aus dem confusamente Dantes stammt, **Faust daher vom Herrn als ein Träger des Läuterungsberges erkannt ist, während Mephisto ihn natürlich für einen solchen der Hölle hält.** Dies wäre u. a. beweisend dafür, daß Goethe (und zwar als erster) den strengen Parallelismus der beiden ersten Teile der Commedia erkannt hat." [3]) Schon Erich Schmidt[4]) bemerkt dazu, daß Goethe „den ihm sehr geläufigen Ausdruck" (verworren) kaum daher habe. Schlimmer erscheint mir das Hereinzerren des Danteschen „Reinigungsberges" (Purgatorio), der in der innerlich so durch und durch protestantischen Atmosphäre des Faust überhaupt nichts (auch nicht in der Anfangsszene des zweiten Teiles, wovon noch die Rede sein wird!) und hier im Prolog im Himmel am allerwenigsten etwas zu tun hat. Faust ist weder ein im Danteschen Sinne zum Guten träger Mensch (er sucht das Gute nur auf einer falschen Seite, hat es sich aber reichlich sauer werden lassen, vgl. den Eingangsmonolog

---

[1]) Streckfuß übersetzt:
>Nach einem Gute strebt mit dunkelm Triebe
>Der Mensch.

Dieser „Mensch mit dunkelm Triebe" klingt natürlich an an Goethes „guter Mensch in seinem dunkeln Drange", jedoch nicht umgekehrt, wie ein der Chronologie Unkundiger (Goethe 1797, gedr. 1808, Streckfuß 1825) zunächst schließen möchte.

[2]) Karl von Enk, Dante Alighieris Göttliche Komödie in deutsche Prosa übertragen. Wien 1877. Zweite Auflage, S. 235, worauf Pochhammer selbst hinweist.

[3]) Dantes Göttliche Komödie in deutschen Stanzen frei bearbeitet. Leipzig 1901. S. 411, Anm.

[4]) Goethes sämtl. Werke. Jubiläums-Ausgabe XIII, 271.

des ersten Teiles bei Goethe!), noch gehört er zu den Bewohnern des Läuterungsberges, sondern er ist ein ausschließlich im Erdenleben stehender, dort allein wirkender und in diesem allein sich vollendender Mensch, darin geradezu der Gegensatz Dantes, der zu seiner Vollendung eben der Wanderung durch die unter- und überirdischen drei Ewigkeitsreiche bedarf. Pochhammer selbst weist ja auf die tiefgehende Verschiedenheit der beiden Dichtungen mit allem Nachdruck hin, aber der Versuchung, vor der er sich selbst geschützt glaubt, der Versuchung, „die beiden Dichtungen in eine ungebührliche und ihnen schädliche Nähe zueinander zu bringen",[1]) ist er doch mehr als einmal erlegen.

Pochhammers in der oben angeführten Stelle ausgesprochene und öfters[2]) wiederholte Anschauung, daß Goethe gründlich eingedrungen sei in die ethisch-religiösen Kernfragen der Divina Commedia, wie in ihren „völlig unnachahmbaren Bau", schwebt meines Erachtens so lange unhaltbar in der Luft, als nicht neue tatsächliche Beweise für Goethes genaue Dantekenntnis (und zwar schon für eine solche am Ende des achtzehnten Jahrhunderts) erbracht werden. Denn die subjektiven Kombinationen des liebenswürdigen Dante-Enthusiasten sind keine wissenschaftlich brauchbaren Beweismittel. Damit soll natürlich nicht bestritten werden, daß es für einzelne einen „Goethe-Weg zu Dante" gibt, wie ihn Pochhammer für sich selber gefunden hat (vgl. Einleitung zu seiner Stanzenbearbeitung der Göttl. Komödie S. X). Wohl aber halte ich einen Dante-Weg zu Goethe, um in Pochhammers Sprache zu sprechen, für ein Unding. Und ich glaube, daß die größenteils (natürlich nur soweit sie Goethe betreffen!) einer festen, sachlichen Grundlage entbehrenden und darum rein subjektiven Aufstellungen Pochhammers das Verständnis des Goetheschen Faust, insbesondere des zweiten Teiles, eher zu erschweren oder doch zu trüben geeignet sind, als daß sie es (von Einzelheiten, auf die ich noch zurückkomme, abgesehen) zu fördern und tatsächlich zu erleichtern vermögen. Diese Aufstellungen

---

[1]) In der Einleitung zu seiner Stanzenbearbeitung der Göttl. Kom. S. XII.
[2]) Z. B. am eben angeführten Orte S. XI f.

nun weiterhin im einzelnen zu prüfen, ist mir durch meine Aufgabe geboten.

In der Eingangsszene des zweiten Teiles soll nach der Ansicht Pochhammers Goethe dreierlei (und zwar unmittelbar) Dantes Göttlicher Komödie entnommen haben.[1]) Einmal den Ort, an dem sich die Szene abspielt, dann den Lethebegriff im einleitenden Gesange der Elfen, und drittens den ganzen Inhalt des großen Faust-Monologes in Terzinenform. Jener Ort nämlich ist — nach Pochhammer — kein anderer als Dantes irdisches Paradies auf dem Gipfel des Reinigungsberges, wie es die letzten Gesänge des Purg. (XXVIII ff.) schildern. Die einfachste und nächstliegende Frage: wie kommt Faust in dies irdische Paradies Dantes? hat Pochhammer gar nicht aufgeworfen. Sie ist unbeantwortbar und stößt — genau besehen — allein schon seine ganze Hypothese um. Die sonst im Faustdrama bei überraschendem Ortswechsel öfters befriedigende Antwort „durch Hilfe Mephistos" versagt hier natürlich völlig. Ihm wäre dieser „fremdeste Bereich" selbstverständlich unzugänglich. Das Dantesche Paradiso terrestre ist erreichbar nur durch Ersteigung des ganzen Läuterungsberges und für einen Lebenden überhaupt unerreichbar, es sei denn, daß er wie Dante durch besondere Gnade Gottes, unter Führung einer abgeschiedenen Seele und unterstützt durch mehrfaches Eingreifen des göttlichen Willens, dahin gelange. Wie sollte Faust, den Gott ganz ausdrücklich für sein Erdenleben Mephistopheles „überlassen" hat, in dessen irdisches Geschick er nach dem Pakte mit Mephistopheles in keiner Weise mehr eingreifen darf, in dies irdische Paradies kommen? Alle die Einzelanklänge, die Pochhammer geschickt zusammenträgt, vermögen nicht diesen Grundirrtum zu verschleiern, der wohl vor allem in ungenügender plastischer Vorstellung seine Erklärung findet. Man stelle sich die Situation nur deutlich vor: Dantes Paradiso terrestre liegt auf dem Gipfel des kegelförmigen, oben abgeplatteten Berges der Läuterung; die Gegend,

---

[1]) Paul Pochhammer, Dante im Faust. Sonderabdruck aus der Beilage zur „Allgemeinen Zeitung" Nr. 105 und 106 vom 11. und 12. Mai 1898. München 1898.

in der Faust zu Beginn des zweiten Teiles erwacht, ist ein Hochplateau in den Bergen, begrenzt einerseits von hohen Gebirgen („Gipfelriesen" Vers 4695), auf der andern Seite mit freiem Blick auf das Vorland („Talaus, talein ist Nebelstreif ergossen" Vers 4688). Es ist eine typische, durch Schweizer Erinnerungen[1]) in ihrer Ausgestaltung im einzelnen bestimmte Alpengegend mit Wasserfall, blumigen Matten („der Alpe grün gesenkte Wiesen" Vers 4699) und Felsbergen.[2]) Der Wald liegt tiefer im Tale („Zweig' und Äste ... entsprossen Dem duft'gen Abgrund, wo versenkt sie schliefen" Vers 4690 f.), und Faust steht höher im Freien, Dante dagegen im dichten Hain (XXVIII, 22 f.). Wenn Pochhammer (S. 8) sagt: „Dantes irdisches Paradies krönt seinen Läuterungsberg, Goethe hat das Fausts sich noch etwas naturgemäßer gedacht" und dann die Situation wieder im Handumdrehen in eine blumige Wiesenmulde nach Art der Valletta de' principi (Purg. VII) verlegt, so voltigiert er damit kühn über alle Schwierigkeiten der plastischen Vorstellung hinweg. Es gibt in Dantes Paradiso terrestre keine Berggipfel, da es selber auf dem abgeplatteten Gipfel eines Berges liegt. Die hohen Berge der Umgebung bilden aber einen wesentlichen Bestandteil des Faustschen „Paradieses": „Hinaufgeschaut! der Berge Gipfelriesen" usw. In Dantes irdischem Paradies gibt es kein Hinaufschauen zu Bergen (nur ein solches zu den Sternen), es gibt nur ein Hinabschauen auf die tiefer liegenden Teile des Reinigungsberges. — Dante, der

---

[1]) Goethe selbst hat auf Eckermanns Bemerkung, die Terzinen möchten aus der Erinnerung der vorher von Goethe bei Gelegenheit Tells erwähnten Natureindrücke des Vierwaldstättersees entstanden sein, geantwortet: „Ich will es nicht leugnen, daß die Anschauungen dort herrühren, ja ich hätte ohne die frischen Eindrücke jener wundervollen Natur den Inhalt der Terzinen gar nicht denken können. Das ist aber auch alles, was ich aus dem Golde meiner Tell-Lokalitäten mir gemünzt habe." (Goethes Gespräche, ed. Biedermann VI, 134.) Man möchte an einen Punkt denken wie etwa Seelisberg mit dem vom See heraufsteigenden Walde und dem Urirotstock dahinter (nur der Wasserfall fehlt).

[2]) Der für oberflächliche Leser leicht irreführende Ausdruck Erich Schmidts „Dies Vorspiel im Purgatorio einer erhabenen Alpenlandschaft" (Jub.-Ausg. XIV, S. XVII) ist natürlich nur ein geistvoller Hinweis auf die Läuterung Fausts in dieser Szene, aber keineswegs so zu verstehen, als ob auch Erich Schmidt hier tatsächlich an Dantes Purgatorio dächte.

an Virgils Hand durch die Schrecken der Hölle hindurchdrang und in Begleitung des von seiner Läuterungszeit im fünften Kreise der Geizigen erlösten Statius den Berg der Reinigung emporstieg, ist Stufe um Stufe hinaufgelangt bis hierher, wo ihm nun die Vision der triumphierenden Kirche, der Wechsel des Führers — Beatrice tritt an Virgils Stelle —, die Entsühnung von aller Erdenschuld durch die Lethe, die Vision der leidenden Kirche, das Bad im Flusse Eunoë, der Wiedererinnerung an alles getane Gute verleiht, und endlich der Aufstieg zur Sternenwelt des himmlischen Paradieses im Geleite Beatrices zuteil wird. Das alles ist logisch aufgebaut, klar entwickelt und innerlich völlig sicher geschaut. Was aber soll Faust hier? Von hier gibt es doch kein Zurück in die Welt menschlicher Betätigung, in der Faust, einmal hier angelangt, nichts mehr zu suchen hätte. Für Faust aber beginnt jetzt erst der größere Teil seiner Weltfahrt, es geht jetzt erst in die „große Welt", in der er den Erlösungswert der selbständigen Tat erkennen und an sich selbst erfahren soll,[1]) und die er nach wie vor in Begleitung Mephistos, wenn auch immer freier werdend von dessen Führung, immer mehr nach eigenem Willen durchwandert. Wohl sagt Faust, als die Sonne naht: „Ein Paradies wird um mich her die Runde" (Vers 4694), aber er sagt nicht: es ist ein Paradies, sondern: die aufgehende Sonne erhellt diese mich umgebende Berglandschaft zu paradiesischer Schönheit. Mit der Tatsache, daß Faust in einem Bergparadiese (d. h., um das nochmals zu betonen, in einem paradiesischen Tale in den Bergen, nicht aber in einem Paradiese auf dem Gipfel eines Berges, wie bei Dante) erwacht und in Terzinen spricht, ist die Erinnerung an Dante nicht, wie Pochhammer meint, ohne weiteres und

---

¹) Wenn Dante die Glückseligkeit des irdischen Lebens („das irdische Paradies") in der Monarchia III, 15 so schildert: „beatitudinem scilicet hujus vitae quae in operatione propriae virtutis consistit et per terrestrem paradisum figuratur", so liegt darin, wie F. X. Kraus bemerkt, eine viel stärkere Annäherung an den Grundgedanken des Faust, an die „Rettung und Läuterung des Menschen durch die eigene Tat", während das Paradiso terrestre des Purgatorio davon nichts weiß. (Vgl. Kraus, Dante, S. 489; die dortigen auf Faust bezüglichen Folgerungen halte ich allerdings nicht für richtig.)

jedenfalls nicht inhaltlich, sondern höchstens formal gegeben. Auch den Ausdruck Goethes „gereinigt" in der für „Dichtung und Wahrheit" bestimmten Skizze der Faustfortsetzung von 1816 mißversteht Pochhammer, wenn er (S. 5) sagt: „Goethe hat den wiederauftretenden Faust „gereinigt" darstellen wollen... Er hat ihn hierzu, meiner Ansicht nach, auf die Höhe des Reinigungsberges erhoben, den Dante..." usw. Goethe schreibt: „Er [Faust] wacht auf, fühlt sich gestärkt, verschwunden alle vorhergehende Abhängigkeit von Sinnlichkeit und Leidenschaft. Der Geist, gereinigt und frisch, nach dem Höchsten strebend."[1] Das soll doch nicht mehr heißen, als daß Faust von der Schuld an Gretchen (der „vorhergehenden Abhängigkeit von Sinnlichkeit und Leidenschaft") gereinigt und darum frischen Geistes vorwärts schreitet. Aber es ist dabei nicht nur, wie auch Pochhammer betont, ein unmittelbares Eingreifen Gottes, das dem Vertrage mit Mephisto zuwiderliefe, ausgeschlossen, sondern überhaupt jede Läuterung und Reinigung im christlichen Sinne, im Sinne Dantes und der Kirchenlehren seiner Zeit. — Wir haben dafür neuerdings ein ganz authentisches Zeugnis erhalten in einer längeren Ausführung Goethes über die Elfenszene Eckermann gegenüber, das erst 1901 aus dessen Nachlaß mitgeteilt wurde.[2] Goethe sagt da — die nicht datierte Äußerung dürfte Anfang März 1826 fallen[3] —: „Wenn man bedenkt, welche Greuel beim Schluß des zweiten Aktes [gemeint ist der Schluß des ersten Teiles!] auf Gretchen einstürmten und rückwirkend Fausts ganze Seele erschüttern mußten, so konnt' ich mir nicht anders helfen, als den Helden, wie ich's getan, völlig zu paralysieren und als vernichtet zu betrachten, und aus solchem scheinbaren Tode ein neues Leben anzuzünden. Ich mußte hierbei eine Zuflucht zu wohltätigen mächtigen Geistern nehmen, wie sie uns in der Gestalt und im Wesen

---

[1] W. A. XV², 174.

[2] Goethes Faust am Hofe des Kaisers. In drei Akten für die Bühne eingerichtet von Johann Peter Eckermann, ed. Friedrich Tewes. Berlin 1901. S. XIII f. Die oben im Text hervorgehobenen Stellen sind von mir, als für meinen Zweck besonders wichtig, unterstrichen.

[3] Vgl. Hans Gerhard Graef, Goethe über seine Dichtungen. Frankfurt 1904. Zweiter Teil, zweiter Band. S. 325, Anm. 2.

von Elfen überliefert sind. Es ist alles Mitleid und das tiefste Erbarmen. Da wird kein Gericht gehalten und da ist keine Frage, ob er es verdient oder nicht verdient habe, wie es etwa von Menschen-Richtern geschehen könnte. Bei den Elfen kommen solche Dinge nicht in Erwägung. Ihnen ist es gleich, ob er ein Heiliger oder ein Böser, in Sünde Versunkener ist, „ob er heilig, ob er böse, jammert sie der Unglücksmann", und so fahren sie in versöhnender Weise beschwichtigend fort und haben nichts Höheres im Sinne, als ihn durch einen kräftigen tiefen Schlummer die Greuel der erlebten Vergangenheit vergessen zu machen: „Erst badet ihn im Tau aus Lethes Flut." Darin spricht Goethe deutlich genug aus, wie er die Elfenszene aufgefaßt wissen will. Und diese mildmenschliche Überleitung Fausts von den Greueln der Gretchentragödie zu neuem Wirken war seinem innersten Wesen gemäß, wie er selber betont in den diese Auseinandersetzung einleitenden Worten: „Hier also der Anfang! Da Sie mich kennen, so werden Sie nicht überrascht sein, ganz in meiner bisherigen milden Art! Es ist, als wäre alles in dem Mantel der Versöhnung eingehüllt." — So sind denn diese Elfen unter Ariels Führung weder (wie es noch im Entwurfe von 1816 der Fall ist) böse mit ironischen Lockungen Faust verführende Geister im Dienste des Mephistopheles noch gute Geister im Dienste des Herrn, sondern freundliche Naturgeister, welche dem schuldvoll umgetriebenen Menschen gegenüber die lindernde Macht der Zeit, die erneuernde Kraft der Natur verkörpern. Ihr Walten um den schlafenden Faust ist für den Dichter ein bequemes Mittel, um das, was tatsächlich im Leben Fausts einen viel längeren Zeitraum umfaßte, symbolisch abkürzend zu schildern: die innere Beruhigung nach dem furchtbaren Erlebnis mit Gretchen. Das ist angedeutet in ihrer vierfachen Tätigkeit, der die vier Strophen des Elfengesanges entsprechen: Versenken in tiefen Schlaf, Gabe des Vergessens, Stärkung der Glieder zu neuer Tätigkeit, Ermunterung zu neuem tätigen Eingreifen ins Leben. Die Gabe des Vergessens bezeichnet Ariel mit den Worten:
 Dann badet ihn im Tau aus Lethes Flut (Vers 4629).
Hier ist tatsächlich der einzige Punkt der ganzen Szene, wo

meines Erachtens eine Erinnerung Goethes an Dante sehr wahrscheinlich ist.[1]) Denn die Lethe, welche von den Elfen bei Faust angewandt wird, ist nicht die antike Lethe, welche völliges Vergessen der Vergangenheit gibt, sondern die Lethe Dantes, welche Vergessen der (bereuten) Schuld schenkt.[2]) Diese Lethe schildert schon Virgil Inf. XIV, 136—138. (Streckfuß I, 145):

Letè vedrai, ma fuor di questa fossa	Nicht in der Hölle fließt der Lethe Flut,
Là ove vanno l' anime a lavarsi	Dort siehst du sie beim großen Seelenbade,
Quando la colpa pentuta è rimossa.	Wenn die bereute Schuld auf ewig ruht.

Beatrice aber sagt von ihr Purg. XXVIII, 127f. (Streckfuß II, 190):

Da questa parte con virtù discende	Der Arm hier hat die Kraft, daß in den Fluten
Che toglie altrui memoria del peccato:	Jedweder Schuld Erinnerung versinkt;
Dall'altra d'ogni ben fatto la rende.	Der andre dort erneuert die des Guten.
Quinci Letè, così dall'altro lato	Der hier heißt Lethe; aber dorten winkt
Eunoè si chiama.	Dir Eunoe...

Und später belehrt sie Dante, der die Lethe schon bekommen hat und nun äußert, er fühle keinen Vorwurf, kein Schuldbewußtsein im Gewissen, Purg. XXXIII, 94—99 (Streckfuß II, 224):

E se tu ricordar non te ne puoi	„Entsinnst du des dich nicht" — sie wandte sich
(Sorridendo rispose) or ti rammenta,	Hier lächelnd hin zu mir — „doch von den Fluten
Come bevesti di Letè ancoi,	Der Lethe trankst du—des entsinne dich.
E se da fummo fuoco s'argomenta,	Und, wie man richtig schließt vom Rauch auf Gluten,
Cotesta oblivion chiaro conchiude	So siehest du durch dies Vergessen klar,
Colpa nella tua voglia altrove attenta.	Daß du dich abgewandt vom wahren Guten."

Immerhin muß betont werden, daß ein so genauer Faust- und Goethe-Kenner wie Erich Schmidt die Herleitung der Faust-Lethe aus Dante nicht für unumgänglich nötig erachtet, vielmehr auf die Briefstelle an Zelter vom 15. Februar 1830 ver-

---

[1]) Man vergleiche auch hiezu Erich Schmidts vortreffliche Studie „Danteskes im Faust" im Archiv für das Studium der neueren Sprachen und Literaturen. 1901. CVII, 241 ff.

[2]) Übrigens hat schon Düntzer (Goethes Faust II, 1851, S. 5, Anm. 3) auf die von Dante aus der Unterwelt ins Fegefeuer versetzte Lethe hingewiesen, ohne den tatsächlichen Unterschied in der Wirkung der beiden Vergessensströme zu beachten.

weist: „Man bedenke, daß mit jedem Atemzug ein ätherischer Lethestrom unser ganzes Wesen durchdringt, so daß wir uns der Freuden nur mäßig, der Leiden kaum erinnern. Diese hohe Gottesgabe habe ich von jeher zu schätzen und zu steigern gewußt."[1])

Über die Abfassungszeit des Terzinenmonologs Fausts (Vers 4679—4727) gehen die Ansichten bekanntlich weit auseinander. Ich bin geneigt, ihn mit Loeper,[2]) Erich Schmidt,[3]) Richard M. Meyer,[4]) Pniower[5]) und wohl auch Walzel[6]) ins Jahr 1826 zu setzen. Zwar verkenne ich nicht das Gewicht der Gründe für eine Datierung auf 1798, die besonders Hermann Henkel[7]) und Max Koch[8]) betont haben. Gewiß sprechen die Nähe der Schweizerreise von 1797 (wennschon man die Worte „die frischen Eindrücke jener wundervollen Natur" in Eckermanns Gesprächbericht[9]) allzu stark dafür ausgenutzt hat), das Erscheinen des langen Terzinengedichtes „Prometheus" von August Wilhelm Schlegel in Schillers Musenalmanach auf 1798[10]) und die Stelle über die Vorzüge der Terzine im Briefwechsel mit Schiller vom Februar 1798[11]) für diese Datierung.

---

[1]) Goethes sämtl. Werke. Cottasche Jubiläums-Ausgabe. XIV, 299.

[2]) Faust, ed. Loeper, 2. Bearbeitung. Berlin 1879. II, S. XXV, vgl. Loepers Ausgabe der Gedichte Goethes. 1883. 2. Ausgabe. II, 532.

[3]) Jub.-Ausg. XIV, 300.

[4]) R. M. Meyer, Goethe. 1905. 3. Auflage. II, 701.

[5]) Pniower, Goethes Faust. Zeugnisse und Exkurse. Berlin 1899. S. 196.

[6]) Ich erschließe wenigstens seine Datierung aus seiner Einleitung zu Goethe und die Romantik, Bd. II, wo es heißt: „in Sonetten wetteifert er [Goethe] mit Werner, huldigt er auch Bettinen. Die stammverwandte Terzine lernt er einem Schüler W. Schlegels, dem Übersetzer Dantes, Streckfuß ab." (Schriften der Goethe-Gesellschaft. 1899. Bd. XIV, S. XLVIII.) Die Übersetzung von Streckfuß erschien 1824—26.

[7]) Herm. Henkel, Zu den Terzinen im II. Faust. Schnorrs Archiv. 1878. VIII, 164—166.

[8]) Max Koch, Zur Entstehungsgeschichte zweier Faustmonologe. Zeitschr. f. vergl. Lit.-Gesch. N. F. 1895. VIII, 128—131.

[9]) S. o. S. 85, Anm. 1.

[10]) S. 49—73. Weitere Drucke in den Gedichten von 1800, S. 72ff. und in den Poet. Werken 1811. I, 44ff.

[11]) Goethe an Schiller 21. Februar 1798: Sagen Sie mir doch Ihre Gedanken über die Versart, in welcher der Schlegelsche Prometheus geschrieben ist. Ich habe etwas vor, das mich reizt, Stanzen zu machen;

Stärker aber (und für mich ausschlaggebend) spricht für 1826 die damalige im Anschluß an Streckfuß so eifrig betriebene Beschäftigung mit Dante und das am 25. und 26. Sept. 1826 von Goethe geschriebene Terzinengedicht: „Schillers Reliquien" („Bei Betrachtung von Schillers Schädel"). — Pochhammer faßt nun, wie oben bemerkt, den ganzen Terzinenmonolog Fausts auf als aus Reminiszenzen an zwei Dantestellen zusammengesetzt.[1]) Die ersten 16 Verse sollen uns darüber belehren, daß Faust sich im Paradiso terrestre befinde, indem sie in allen Einzelheiten an Purg. XXVIII, 1—21 erinnern; die folgenden Verse von „Hinaufgeschaut" an bis zum Schlusse sollen sich mit Par. I, 37—72 aufs engste berühren. Die erste dieser Hypothesen habe ich schon oben (S. 84—87) als durchaus sinnwidrig zurückgewiesen und möchte hier nur nochmals betonen, daß es denn doch Goethes dichterischer Phantasie sowohl als seiner Naturbeobachtung allzu nahe treten heißt, wenn man für Züge wie das Erwachen des Vogelsanges vor Sonnenaufgang oder das Zittern der betauten Blätter und Blumen im Frühwinde erst das Vorbild Dantes heranziehen will. — Aber auch für den längeren zweiten Monologteil ist wieder

---

weil sie aber gar zu obligat und gemessen periodisch sind, so habe ich an jenes Silbenmaß gedacht, es will mir aber bei näherer Ansicht nicht gefallen, weil es gar keine Ruhe hat und man wegen der fortschreitenden Reime nirgends schließen kann (W. A. IV. Abt. XIII, 71 f.) — Schiller antwortet am 23. Februar 1798 und rät ab: Was Ihre Anfrage wegen des Silbenmaßes betrifft, so kommt freilich das meiste auf den Gegenstand an, wozu Sie es brauchen wollen. Im allgemeinen gefällt mir dieses Metrum auch nicht, es leiert gar zu einförmig fort, und die feierliche Stimmung scheint mir unzertrennlich davon zu sein. Eine solche Stimmung ist es wahrscheinlich nicht, was Sie bezwecken. Ich würde also die Stanzen immer vorziehen, weil die Schwierigkeiten gewiß gleich sind und die Stanzen ungleich mehr Anmut haben. (Schillers Briefe, ed. Jonas. Bd. V, 349 f.) Interessant ist, daß beide den Terminus technicus „Terzine" (als ihnen unbekannt?) vermeiden, daß beide augenscheinlich nicht daran denken, daß diese „Versart" die Dantes ist. Dessen Name kommt im Briefwechsel der beiden nur ein einziges Mal vor: anderthalb Jahre später, am 27. August 1799, schreibt Schiller an Goethe: Das Tadeln ist immer ein dankbarerer Stoff als das Loben, das wiedergefundene Paradies ist nicht so gut geraten als das verlorene, und Dantes Himmel ist auch viel langweiliger als seine Hölle (a. a. O. VI, 80).

[1]) Pochhammer, Dante und Faust. S. 6—12.

nur ein einziges Moment tatsächlich auch bei Dante gegeben: das Geblendetwerden durch die aufgehende Sonne. Im übrigen aber hat Fausts Erlebnis mit dem Dantes nichts zu tun. Es gehört schon das nur auf Dante eingestellte Auge eines unbedingten Dante-Enthusiasten[1]) dazu, um bei beiden „dasselbe Bergparadies-Sonnenerlebnis" (S. 12) zu finden, wobei freilich selbst Pochhammer „die völlig entgegengesetzte Wirkung" auf beide zugeben muß: „Der eine entscheidet sich für den Weg zur Sonne [nebenbei bemerkt, wo steht denn etwas von einer Entscheidung Dantes?!], der andre dafür, dieser den Rücken zu wenden.... Aus demselben Garten, dem Dante himmelwärts entschwebt, schreitet Faust in die Welt, und zwar in die „große", in der u. a. Renaissance und Reformation [wo findet Pochhammer im II. Faust die Reformation?] seiner harren" (S. 6). Ich habe wohl zur Genüge den Grundirrtum des Verfassers, eben die unmögliche Gleichsetzung von Fausts „Bergparadies" mit Dantes Paradiso terrestre, nachgewiesen, um hier von weiterem absehen zu dürfen. Alle diese im einzelnen vielfach geistvollen Ausführungen Pochhammers ruhen auf falschen Voraussetzungen, und die falscheste darunter ist die Annahme einer viel zu genauen Kenntnis des Danteschen Gedichtes durch Goethe.[2])

---

[1]) Dem ich das Wort Goethes ins Stammbuch schreiben möchte: „Gehalt ohne Methode führt zur Schwärmerei" (W. A. II. Abt. III, 137).

[2]) Ich weise hier gleich noch zwei andere „Parallelen" Pochhammers zurück. Die eine zwischen der Halbhexe in der romantischen Walpurgisnacht mit ihrem: „Ich steige schon dreihundert Jahr Und kann den Gipfel nicht erreichen" (Vers 3997 f.) und Statius, der fast 1300 (richtiger 1200) Jahre steigt und den Gipfel des Reinigungsberges noch nicht erreicht hat bei seiner Begegnung mit Dante (Purg. XXI, 67 ff.) ist doch gar zu weit hergeholt. Die andere zwischen den Worten Fausts (Vers 3851 f.) und Purg. XVIII, 76, 78:

| Wie traurig steigt die unvollkommne Scheibe | La Luna quasi a mezza notte tarda... |
| Des roten Monds mit später Glut heran. | Fatta com'un secchione che tutt'arda... |

bei Streckfuß (II, 120): Sah ich um Mitternacht den Mond, den trägen,
Der wie ein Kessel war von Glut und Licht...

tritt Goethe denn doch zu nahe: für diese wunderbar anschaulichen, sicher aus eigener Naturbeobachtung geschöpften Verse bedurfte er wahrlich keiner

In der verwirrenden und doch bei näherer Betrachtung so schön geordneten, schöner gesteigerten Gestaltenfülle der Klassischen Walpurgisnacht treten eine Reihe von Dämonen, Halbgöttern, Fabelwesen und menschlichen Gestalten auf, die sich auch bei Dante finden. Es sind nach der Reihenfolge ihres ersten Auftretens: Erichtho (bei Dante Inf. IX), die Sphinxe (Purg. XXXIII), die Sirenen (Purg. XIX, XXXI; Par. XII), Chiron (Inf. XII, Purg. IX), Manto (Inf. XX, Purg. XXII), das Gorgonenhaupt in Paralip. 123, 1 (Inf. IX), Anaxagoras (Inf. IV) und Thales (Inf. IV). Bei allen diesen liegen aber für Goethe antike Quellen näher als die zudem teilweise ganz nebensächlichen Erwähnungen bei Dante. Eine Ausnahme davon dürfte nur Chiron bilden, zumal er gerade in jenem zwölften Höllengesang eine Rolle spielt, dessen Anfang Goethe 1826 neu übersetzte (vgl. Kap. I, Nr. 37), dem er also besonderes Interesse zuwandte. Außerdem trägt der Zentaur Chiron Faust auf seinem Rücken durch den Peneios zu Manto und erinnert damit augenfällig an den Kentauren Nessus, der Dante durch den Blutstrom der Tyrannen trägt, eine Szene, die Goethe auch aus dem schönen Blatte Joseph Anton Kochs (vgl. Kap. I, Nr. 20 und die dortige ausführliche Beschreibung der Komposition) vertraut war. Auch die leider nicht ausgeführte Gorgoszene beim Abstiege Fausts mit Manto in die Unterwelt hätte wohl eine (doch kaum bewußte) Verwandtschaft mit Dante ergeben; denn wie Manto Faust mit ihrem Leibe und ihrem Schleier bedecken sollte gegen den versteinernden Anblick des ihnen begegnenden Medusenhauptes,[1]) so schützt Virgil Dante vor demselben Anblick und derselben Gefahr, indem er dessen die Augen bedeckenden Hände noch mit seinen eigenen Händen verstärkt.[2])

Im vierten Akte erinnert die Felslandschaft der Anfangsszene, die 1827 geschrieben wurde, wohl etwas an die Szenerie

---

äußeren literarischen Anregung. Sagte er doch selber zu Eckermann am 26. Februar 1824: um diese Verse zu schreiben, „bedurfte es einiger Beobachtung der Natur". (Gespräche, ed. Biedermann, V, 40.)

[1]) W. A. XV², S. 210 (Paralip. 123. 1); vgl. S. 216 (Paralip. 125), S. 224 (Paralip. 157) und S. 226 (Paralip. 160 u. 161).

[2]) Vgl. Erich Schmidt a. a. O. S. 243 f.

jenes zwölften Inferno-Gesanges, mit dem sich Goethe 1826 so eingehend beschäftigt hatte. Doch scheint mir dieser von Schröer hervorgehobene Zusammenhang[1]) nicht sehr einleuchtend und jedenfalls für Goethes Dantekenntnis wenig ins Gewicht fallend.

Weiter ruft die Schilderung der Hölle im Munde Mephistos beim Kampfe um Fausts Seele (Vers 11644 ff.) Erinnerungen an Dante wach, die denn auch bei allen Fausterklärern mehr oder weniger betont werden, insbesondere wird bei der „Flammenstadt in ewiger Glut" jeweilen auf Dantes Höllenstadt hingewiesen. In der Tat ist die Übereinstimmung auffallend zwischen den Worten des Mephisto (Vers 11644—11651) und denen Virgils (Inf. VIII, 67—75, bei Streckfuß I, 105):

> Eckzähne klaffen; dem Gewölb des Schlundes
> Entquillt der Feuerstrom in Wut,
> Und in dem Siedequalm des Hintergrundes
> Seh' ich die Flammenstadt in ewiger Glut.
> Die rote Brandung schlägt hervor bis an die Zähne,
> Verdammte, Rettung hoffend, schwimmen an;
> Doch kolossal zerknirscht sie die Hyäne
> Und sie erneuen ängstlich heiße Bahn.

E 'l buon maestro disse: Omai, figliuolo,	„Bald wird sich, Sohn, dir jene Stadt enthüllen,"
S' appressa la città, ch' ha nome Dite	So sprach mein guter Meister, „Dis genannt,
Co' gravi cittadin, col grande stuolo.	Die scharenweis unselge Bürger füllen."
Ed io: Maestro, già le sue meschite	Und ich: Mein Meister, deutlich schon erkannt
Là entro certo nella valle cerno Vermiglie, come se di fuoco uscite	Hab' ich im Tale jener Stadt Moscheen, Glutrot, als ragten sie aus lichtem Brand.
Fossero: ed ei mi disse: Il fuoco eterno,	Drauf sprach mein Führer: Ew'ge Flammen wehen
Ch' entro l' affoca, le dimostra rosse, Come tu vedi, in questo basso inferno.	In ihrem Innern, drum im roten Schein Sind sie in diesem Höllengrund zu sehen.

Immerhin möchte ich auch hier mit Nachdruck betonen, daß dem Danteschen Bilde eines ganz fehlt, was bei Goethe sehr

---

[1]) K. J. Schröer, Goethes Faust. Leipzig 1903. II. Teil, 4. Auflage. S. LXXXVIII, 283.

stark mitspricht: der schauerliche Rahmen, jener „greuliche Höllenrachen" mit den „klaffenden Eckzähnen", welche die Verdammten bedrohen, falls sie der Flut entfliehen wollen, jener Schlund, den der wogende Flammenstrom ausfüllt. Aus diesem Flammenstrom taucht bei Goethe „die Flammenstadt in ewiger Glut" im Hintergrunde auf, während bei Dante umgekehrt das Feuer erst innerhalb der Stadt beginnt („Ewige Flammen wehen in ihrem Innern" Vers 73 f.). Möglicherweise schwebt Goethe hier eine Erinnerung an Swedenborg[1]) vor; ganz gewiß aber auch (und wie ich glaube, weit mehr als an Dantes Schilderungen) solche an bildliche Darstellungen. Doch möchte ich hier, wie auch Erich Schmidt[2]) betont, nicht mit Farinelli[3]) u. a. an das Campo-Santo-Fresko in Pisa denken, wo gerade der greuliche Höllenrachen auch fehlt, als vielmehr an zahlreiche italienische, deutsche und niederländische Bilder mit dem vielverwerteten Motive.[4]) Übrigens sei hier doch darauf hingewiesen, daß der eine Teufelsname, mit dem Mephistopheles in dieser Szene seine höllischen Geister zu Hilfe ruft, der Name „Firlefanze" (Vers 11670) schon bei Streckfuß sich findet, der in seiner sehr freien Übersetzung der drastischen Teufelsnamen der Malebranche in Inf. XXI auch einen (es ist wohl Farfalla) so wiedergiebt.[5])

In dem sich anschließenden Kampf zwischen Engeln und Teufeln um Fausts Seele ist nur an einer Stelle ein entfernter Anklang an Dante zu verzeichnen, indem ein Motiv Goethes sich schon — allerdings in wesentlich anderem Zusammenhange — im Purgatorio findet: die blumenstreuenden Engel. Bei Goethe (Vers 11699 ff.) streuen sie Rosen, bei Dante (Purg. XXX, 20 f.) streuen sie Lilien. Aber die Ähnlichkeit ist nur eine oberflächliche: denn die „Rosen aus den Händen Liebend-heiliger Büße-

---

[1]) Allerdings noch wahrscheinlicher bei Vers 11640 f.: Zwar hat die Hölle Rachen viele, viele, Nach Standsgebühr und Würden schlingt sie ein. — Vgl. Morris, Goethe-Studien[2] I, 38 f.

[2]) S. W. Jub.-Ausg. XIV, 398.

[3]) Farinelli, Dante e Goethe, S. 19.

[4]) Vgl. auch Morris, Gemälde und Bildwerke im Faust, Goethe-Studien[2] I, 143 f.

[5]) Streckfuß, Die Hölle. 1824. S. 188. (XXI, 123). Diese Stelle fehlt unter den Belegen für das Wort in Grimms Wörterbuch III, 1673.

rinnen" sind für die Goetheschen Engel die wirksamste Waffe im Kampfe gegen die Mephistophelischen Teufelsscharen, denen sie mit ihren himmlischen Liebesflammen das Fell versengen (vgl. Vers 11710 ff.), während die Lilien der Danteschen Engel nur die Ankunft Beatricens im irdischen Paradiese festlich begrüßen. Auch hier liegen, wenn durchaus ein literarisches Vorbild gesucht werden soll, die „Rose colte in Paradiso" bei Tasso (Ger. lib. III, 1) viel näher als die Lilien Dantes, um so mehr als Goethes Vertrautheit mit Tasso von Jugend auf bekannt genug ist. Genügt es aber nicht, an die Rosen oder andere Blumen streuenden Engel auf Gemälden, insbesondere italienischer Meister, zu denken?[1]) Vielleicht darf man sogar trotz des Widerspruchs von Morris[2]) mit Wickhoff[3]) so weit gehen, an ein bestimmtes Bild zu denken, an Signorellis Fresko der Auferstehung der Seligen im Dome zu Orvieto, wo zwischen den musizierenden Engeln als Mittelpunkt des Ganzen zwei wundervolle, Rosen streuende Engel die Blicke des Betrachters an sich fesseln. Um so mehr als gerade diese Mittelgruppe einzeln im Stich wiedergegeben ist in dem Kupferwerke Young William Ottleys, das 1826 in London erschien und Goethe wohl bekannt sein konnte.[4])

Der stärkste Einfluß Dantes auf die Faustdichtung (und auf Goethes Dichtung überhaupt) ist in den himmlischen

---

[1]) Schon Düntzer macht darauf, aber auch auf Dante aufmerksam. Er sagt (Goethes Faust. Leipzig 1851. II, 361): „Die Engel schweben Rosen streuend oberhalb des Grabes, wie man auf alten Gemälden häufig Engel sieht, welche Rosen streuend eine Seele zum Himmel geleiten. Bei Dante (Fegefeuer 30, 19 ff.) erheben sich die Engel und streuen Beatrice Lilien." Düntzer zitierend verweist auch Erich Schmidt auf Dante: Goethes Werke. Jubiläums-Ausgabe. Bd. XIV, 399.

[2]) M. Morris, Goethe-Studien[2] I, 141.

[3]) Franz Wickhoff, Der zeitliche Wandel in Goethes Verhältnis zur Antike, dargelegt am Faust, Jahreshefte des österreich. archäolog. Instituts. 1898. I, 121 f. Wickhoff betont übrigens mit Recht, daß es Düntzer schwer fallen würde, „häufige" alte Bilder der von ihm geschilderten Art nachzuweisen.

[4]) Young William Ottley, A Series of Plates engraved after the Paintings and Sculptures of the most eminent Masters of the early Florentine School. Intended to illustrate the History of the Restoration of the Arts of Design in Italy and dedicated to John Flaxman... London 1826... Plate LIV.

Schlußszenen des zweiten Teiles erkennbar.[1]) Hier, wo Goethe sich auf ein ihm ungewohntes Gebiet, die sinnliche Darstellung des Transzendentalen durch symbolische Gestalten, begab, machte er nicht nur Anleihen bei den ihm sonst fernliegenden Anschauungen der katholischen Kirchenlehre, sondern ebenso bei dem seiner Art sonst fernliegenden großen italienischen Dichter. Er selber hat sich über den ersten Punkt, die Anleihe bei der Kirche, ausgesprochen in den bekannten und viel zitierten Worten zu Eckermann, vom 6. Juni 1831: „Übrigens werden Sie zugeben, daß der Schluß, wo es mit der geretteten Seele nach oben geht, sehr schwer zu machen war, und daß ich bei so übersinnlichen, kaum zu ahnenden Dingen mich sehr leicht im Vagen hätte verlieren können, wenn ich nicht meinen poetischen Intentionen durch die scharf umrissenen christlich-kirchlichen Figuren und Vorstellungen eine wohltätig beschränkende Form und Festigkeit gegeben hätte." — Diese „scharf umrissenen christlich-kirchlichen Figuren" hatte aber schon Dante in seinem Weltgedicht zu seinen Zwecken und nach seiner Weise, freilich als ein getreuer Sohn der Kirche, gebraucht.[2]) Nun sind wir ja gerade über die Entstehungszeit der allerletzten Faustszene nicht völlig im Klaren. Es muß hier für unsern Zweck genügen, wenn ich, ohne die sattsam bekannten Stellen[3]) nochmals durchzusprechen, mich

---

[1]) Vgl. zum folgenden auch die schöne Schrift von Michele Kerbaker: L'eterno femminino e l'epilogo celeste nel Fausto di W. Goethe. Napoli 1903. — Allerdings überschätzt Kerbaker Dantes Einfluß auf Goethe.

[2]) Vgl. Antonio Zardo in seinem Aufsatze: Goethe e il Cattolicismo, der zu der Schlußszene des Faust bemerkt: „egli [Goethe], il nemico di ogni misticismo, interpreta questi simboli come meglio non avrebbe potuto lo stesso Alighieri." (Nuova Antologia. 1893. CXXVII, 688.)

[3]) Die wichtigsten: Gespräch mit Sulpice Boisserée, 3. August 1815. (Pniower S. 110); Tageb. 13. März 1825. (ebd. 143); Stammbuchblatt für Frl. Cuvier, 6. April 1825 (ebd. S. 146 f.). Gegenüber den Stellen der Briefe an Zelter vom 24. Mai 1827 (ebd. S. 188) und vom 19. Juli 1829 (ebd. S. 230) sowie des Gespräches mit Eckermann vom 24. Januar 1830 (ebd. S. 245), wo überall von dem „fast" oder gar „längst" fertigen Abschluß oder fünften Akt die Rede ist, sei zunächst mit Gerhart H. Gräf (Goethe über seine Dichtungen II², 539—551) darauf hingewiesen, daß Goethe noch am 23. Februar und wieder am 7. Juli 1830 die [doch wohl sicher für den Faustabschluß verwertete] Descrizione del Campo Santo di Pisa entlieh aus der

darauf beschränke, daß ich im Einverständnis mit Harnack[1]) und Erich Schmidt[2]) den Beginn der Ausführung dieser Szene in das Jahr 1825, ihren endgültigen Abschluß aber erst ins Jahr 1831 setze, so zwar, daß ein Hauptteil der Ausführung in die letzte Zeit fällt. Die 1826 und 1827 nachgewiesene Beschäftigung Goethes mit Dantes Divina Commedia in der Übersetzung von Streckfuß und im Original dürfen wir somit für die Ausführung dieser Schlußszene stark in Betracht ziehen, insbesondere jene im Tagebuch vom 25. September 1826 angemerkte Lektüre des Fegefeuers und des Paradieses, welcher die Entstehung des Terzinengedichtes zum Andenken Schillers unmittelbar folgte (Kap. I, Nr. 39). Ich füge deshalb im folgenden überall bei wörtlichen Zitaten dem italienischen Texte die Streckfußsche Übersetzung bei, die vielleicht öfter Goethe nicht nur die frühere, sondern die überhaupt alleinige Anregung im einzelnen gegeben haben kann.

Für die äußere (szenische) Gestaltung des Goetheschen Himmelreiches im Faustabschluß scheinen mir drei verschiedene Anregungen, von fast gleicher Stärke und Wichtigkeit, in ihrem Zusammenwirken das endgültig Festgehaltene ergeben zu haben. Einmal die zuerst von Friedländer,[3]) neuerdings von Dehio[4]) und Morris[5]) am stärksten betonten Fresken des Campo Santo zu Pisa,[6]) dann die anschauliche Schilderung, die Wilhelm

---

Großherzogl. Bibliothek und am 15. Mai 1830 vom Kanzler von Müller die Descrizione delle Pitture del Campo Santo di Pisa erhielt. Dann aber melden, nachdem wieder am 4. und 5. Januar 1831 an Zelter und im Gespräch mit Kanzler von Müller von dem fünften Akte als fertig und „parat" die Rede gewesen (Pniower S. 255), Tagebuchnotizen vom 4., 5. und 6. Mai nochmalige Arbeit am Abschluß der „fünften Abteilung", wie Goethe jetzt statt Akt schrieb (ebd. S. 263).

[1]) Goethes Werke. Ausgabe des Bibliographischen Instituts. V, 574.
[2]) Goethes sämtliche Werke. Jubiläums-Ausgabe. Bd. XIV, S. XV.
[3]) Deutsche Rundschau. Januar 1881. XXVI, 151.
[4]) Goethe-Jahrbuch. 1886. VII, 251 ff., vgl. bes. S. 259 f.
[5]) Gemälde und Bildwerke im Faust. Goethe-Studien². I, 141 ff.
[6]) Einen andern, soweit ich sehen kann, wenig beachteten, aber, wie mir scheint, recht beachtenswerten Hinweis auf bildliche Darstellungen, die auf den Faustabschluß hinübergewirkt haben können, gibt Franz Wickhoff (Jahreshefte des österreich. archäolog. Instituts. 1898. I, 115), indem er an die zu Goethes Zeit (viel mehr als heute) hochgeschätzten Malereien in den

von Humboldt dem Dichter brieflich von dem spanischen Eremitenberge, dem Montserrat, entworfen hatte,[1]) und endlich Dantes Darstellung in der Divina Commedia. Freilich denkt Goethe dabei, was den äußeren Aufbau angeht, mehr an den Läuterungsberg des Purgatorio als an das in den luftigen Himmelssphären der Planeten unsinnlich genug sich ausbreitende Paradiso. Inhaltlich dagegen nähert er sich wieder mehr dem letzteren; denn es handelt sich um Fausts Aufnahme in den Kreis der Seligen, nicht unter die Scharen der das Heil erst erharrenden Büßenden. Allerdings verfährt dabei der protestantische Deutsche freier als der strengkatholische Italiener: er kennt keine so streng durchgeführte Hierarchie der Seligen, Heiligen und Engel, wie dieser getreu den Lehren der Kirche sie aufbaut. Goethe dagegen vermischt unbekümmert Büßende und Selige. Er bevölkert seinen Himmel zwar mit katholischen Heiligen, aber er sieht ihn mit protestantischen Augen. Der Chor der Büßerinnen, unter denen eine, „sonst Gretchen genannt", sich hervortut, würde bei Dante wohl zunächst im Purgatorio seinen Platz gefunden haben, während sie sich hier nicht nur mit den heiligen Vätern in gleicher Sphäre bewegen, sondern sogar höher als diese bis zu den Füßen der (allerdings aus ihrer Sphäre herabsteigenden) Himmelskönigin Maria sich emporwagen dürfen. Die drei großen Sünderinnen, die infolge ihrer Buße das Himmelreich erwarben, Maria Magdalena, Maria von Ägypten und das Weib aus Samaria, haben merk-

---

Kuppeln der römischen Barockkirchen erinnert, im besondern an die Goethe vielleicht auch aus den Stichen von Niclas Dorigny bekannte Darstellung in S. Agnese von Cirro Ferri: Maria als Himmelskönigin inmitten der Seligen niederschwebend und die aus einem Kreise heiliger Märtyrerinnen hervortretende demütige Agnes empfangend.

[1]) Goethes Briefwechsel mit den Gebrüdern von Humboldt (1795—1832) ist abgedruckt in: Neue Mitteilungen aus Johann Wolfgang von Goethes handschriftlichem Nachlaß. Herausgegeben von F. Th. Bratranek. Leipzig 1876. Wilhelm von Humboldts Brief an Goethe (undatiert. Frühsommer 1800.) III, 162—167. Der diesem Briefe beiliegende, für die Propyläen bestimmte Aufsatz Humboldts „Der Montserrat bei Barcelona" erschien zuerst in den Allg. geograph. Ephemeriden 1803, XI, Stück 3, 265 ff., dann in W. von Humboldts gesammelten Werken 1843, III, 173 ff. Vgl. dazu A. Farinelli, Humboldt en Espagne. Paris 1898. S. 112 ff., insbes. S. 131 f.

würdigerweise in Dantes Reichen nirgends einen Platz gefunden. Bei Goethe aber wie bei Dante ist das überirdische Reich bewohnt von verschieden gearteten Engelreigen und von heiligen Männern und Frauen, bei Goethe wie bei Dante erscheint als seine höchste sichtbare Spitze Maria als Himmelskönigin; denn das Geheimnis der Dreieinigkeit offenbart sich auch bei Dante nur symbolisch im Farbenspiel der drei verschlungenen Lichtkreise (Par. XXXIII, 118 ff.). Ganz undantisch dagegen mutet der Gesang der vollendeteren Engel (Vers 11954 ff.) an:

>Uns bleibt ein Erdenrest
>Zu tragen peinlich, usw.

Bei Dante sind schon die Seligen des untersten (Mond-)Himmels wunschlos und restlos selig; denn, so sagt die hier verweilende Piccarda Donati zu Dante (III, 70—72):

Frate, la nostra volontà quieta	Bruder, hier stillt die Kraft der Lieb' und Güte
Virtù di carità, che fa volerne	Jedweden Wunsch, und völlig gnügt uns dies,
Sol quel ch' avemo, e d' altro non ci asseta.	Und nicht nach anderm dürstet das Gemüte.

und Dante selbst erkennt (III, 88—90):

com' ogni dove	Paradies ist allerwegen,
In cielo è Paradiso, e si la grazia	Wo Himmel ist, strömt auch von oben her
Del sommo ben d' un modo non vi piove.	Vom höchsten Gut nicht gleich der Gnade Regen.

Allerdings handelt es sich hier um Selige, bei Goethe um Engel, und auch Dantes Engel sind in verschiedene Chöre von höherem und niederem Range geschieden, aber nicht nach einem ihnen selbst fühlbaren verschiedenen Grade der Vollendung. Vielmehr baut sich diese Engelhierarchie, wie sie Beatrice selber Dante im XXVIII. Gesange des Paradieses (Vers 97 ff.) schildert, auf nach dem fälschlich dem Dionysius Areopagita zugeschriebenen Traktate „De coelesti hierarchia": „Die Abstufung der Geister ergibt sich nach dem Grad ihres kontemplativen Vermögens, und dieses ist durch ihr Verdienst, bzw. durch die Intensität und Energie ihres Verlangens nach der Anschauung

Gottes bedingt."[1]) Dieses Stufensystem ist also ein wesentlich anderes bei Goethe als bei Dante, und jener scheint auch hierin mehr den Anschauungen Swedenborgs in dessen „Arcana coelestia" gefolgt zu sein.[2])

Die beiden ersten heiligen Gestalten, die uns bei Goethe nach dem stimmunggebenden Einleitungschor der Anachoreten entgegentreten, sind der Pater Ecstaticus und der Pater Profundus: jener der in mystischer Verzückung leidenschaftlich Gott Verehrende, dieser der in tiefsinniger Naturbetrachtung leidenschaftlich Gott Suchende, beide Male Gott als ewige Liebe gefaßt. Die beiden erinnern an die beiden heiligen Männer, welche bei Dante als Brautführer der geistlichen Braut, der Kirche Christi, auftreten,[3]) Par. XI, 37—39:

L'un fu tutto serafico in ardore,	Der eine war von Seraphsglut umwallt,
L'altro per sapienza in terra fue	Der andre zeigt' im Glanz der Cherubinen
Di cherubica luce uno splendore.	Die Weisheit dort im ird'schen Aufenthalt.

An jenen, Franz von Assisi, erinnert Goethes Pater Ecstaticus, an diesen, den hl. Dominicus, Goethes Pater Profundus. Allein an Franz von Assisi erinnert bei Goethe ebensosehr und mehr noch der dritte, Pater Seraphicus (man beachte auch den mit

---

[1]) Franz Xaver Kraus, Dante. Berlin 1897. S. 355 f. Vgl. auch Düntzer (Goethes Faust. Leipzig 1850. I, 158): „Die genaueste Beschreibung der Ordnungen und Rangklassen der Engel gibt das unter dem Namen des Dionysius Areopagita gehende Buch „Von der himmlischen Hierarchie", welches bereits im sechsten Jahrhundert genannt wird und das ganze Mittelalter hindurch als eine große Autorität galt. Aus diesem Buche hat Dante (Par. XXVIII, 97—139) seine Darstellung der Engel geschöpft. Goethe kannte diese Einteilung, wenn nicht anderswoher, wenigstens aus dem vor seinem Abgange nach Straßburg fleißig benutzten Opus mago-cabbalisticum von G. von Welling, das nur unbedeutend von Dionysius abweicht."

[2]) Die Belegstellen knapp zusammengestellt bei Erich Schmidt, Jub.-Ausg. XIV, 402 f.

[3]) Par. XII, 43 ff. sagt der hl. Bonaventura von den beiden, daß Gott

a sua sposa soccorse	um seine Braut zu wahren,
Con duo campioni, al cui fare, al cui dire	Zwei Kämpfer rief, durch deren Wort und Tat
Lo popol disviato si raccorse	Gesammelt wurden die zerstreuten Scharen.

Dante übereinstimmenden Beinamen),[1]) der engelsmilde Vertreter der innigen Herzensfrömmigkeit, der alles Irdische abgestreift und überwunden hat. Auch hier also zeigt sich, daß diese Gestalten Goethes wohl Ähnlichkeit mit solchen Dantes aufweisen, sich aber keineswegs ohne weiteres ihnen gleichsetzen lassen, darum auch sicherlich nicht unmittelbar von Dante übernommen sind, sondern, selbst wenn wir ihre Herkunft aus der Divina Commedia annehmen wollen, starke Wandlungen durchgemacht haben. So lag sicher — um nur eines zu erwähnen — Goethe als Vorbild für den Pater Ecstaticus der hl. Filippo Neri viel näher, für den er bekanntlich besonderes Interesse zeigt und in dessen Schilderung in der „Italienischen Reise" vom 26. Mai 1787[2]) gerade die Eigenschaften am stärksten hervortreten, die wir auch beim Pater Ecstaticus hervorgehoben finden. Im einzelnen möchte ich hier noch auf zwei Anklänge an Dantesche Gedanken hinweisen, die, soviel mir bekannt, noch nicht beachtet wurden.

Pater Ecstaticus (Vers 11862—11865):
>Daß ja das Nichtige
>Alles verflüchtige,
>Glänze der Dauerstern,
>Ewiger Liebe Kern.

Par. XIV, 40—42:

La sua chiarezza seguita l'ardore,	Und seine Klarheit,[3]) sie entspricht der Glut,
L'ardor la visione, e quella è tanta,	Die Glut dem Schaun, und dies wird mehr uns frommen,
Quanta ha di grazia sovra suo valore.	Je mehr auf uns die freie Gnade ruht.

Pater Seraphicus (Vers 11922—11925):
>Denn das ist der Geister Nahrung,
>Die im freisten Äther waltet,

---

[1]) Jedoch erinnert dieser Beiname auch an den hl. Bonaventura, den Doctor Seraphicus der katholischen Kirche, der bei Dante (Par. XII) das Lob des hl. Dominicus verkündigt, während der Beiname Profundus von der Kirche mit Vorliebe dem hl. Bernhard von Clairvaux gegeben wurde, welcher bei Dante (Par. XXXI) viel mehr dem Doctor Marianus Goethes entspricht, wovon noch die Rede sein wird.

[2]) Goethes Werke. W. A. XXXI, 245.

[3]) Die Klarheit des die Seelen umleuchtenden Glanzes ist gemeint.

Ewigen Liebens Offenbarung,
Die zur Seligkeit entfaltet.

Par. XX, 137 f.:

Perchè 'l ben nostro in questo ben s' affina,	Da daraus uns das höchste Heil entquillt,
Che quel che vuole Iddio e noi volemo.	Daß dessen, was Gott will, auch wir beflissen.

Wiederum hat man für den Chor der seligen Knaben auf die Par. XXXII, 40—87 gegebene Darstellung hingewiesen, und insbesondere auf die Verse 44 f.:

Chè tutti questi sono spirti assolti	Denn hier sind alle, die dem Leib entflohn,
Prima ch'avesser vere elezioni.	Bevor sie noch vermochten, selbst zu wählen.

Aber auch hier finden wir bei Goethe eine viel freiere Auffassung, die Auffassung einer modernen Zeit, welche Reformation und Aufklärungsperiode schon hinter sich hat. Denn Dante unterscheidet bei den unschuldig gestorbenen Kindlein zwischen ungetauften und getauften; jene versetzt er in den Limbus infantum im Vorhofe der Hölle (Inf. IV, 28 ff.; vgl. Purg. VII, 31—33, wo Virgil ausdrücklich von den ungetauften Kindlein spricht), diese dagegen in den allerhöchsten Kreis des Paradieses, in die Lichtrose des Empyreums (Par. XXXII, 40 ff.). Bei Goethe sind es die Seelen von als Mitternachtsgeborenen nur zu kurzem Leben bestimmten und deshalb bald nach der Geburt verstorbenen Knaben, die, schuldlos geblieben, ihr Anrecht auf die Seligkeit haben, wobei er sich die Frage, ob getauft, ob ungetauft, gewiß gar nicht gestellt hat. Daß auch für diese merkwürdige Gruppe der Goetheschen Himmelsbewohner die neuere Forschung eine von Goethe schon für die Geisterwelt des ersten Teiles benutzte und darum auch hier näher liegende Quelle bei Swedenborg nachgewiesen hat,[1]) sei nur nebenbei vermerkt.

Wenn die Fausts Unsterbliches emportragenden Engel in

---

[1]) Vgl. Morris, Swedenborg im Faust, Euphorion 1899, VI, 509, wo drei einschlägige Stellen aus den „Arcana coelestia" im Wortlaut zitiert sind. Wieder abgedruckt Goethe-Studien² I, 39 f.

ihrem Jubelchor, der nach Goethes bekanntem Worte „den Schlüssel zu Fausts Rettung"[1]) enthält, singen (Vers 11938 f.):

Und hat an ihm die Liebe gar
Von oben teilgenommen,

so darf man an das Wort denken, das Dantes Ureltervater Cacciaguida im Himmel des Mars seinem Urenkel zuruft (Par. XV, 53 f.):

| mercè di colei [Beatrice] | Dank ihr [Beatrice], die dich |
| Ch' all' alto volo ti vestì le piume. | Zum Flug beschwingt und dein Geleit gewesen! |

wie ja dasselbe Wort wenigstens von ferne her wieder anklingt in dem Gnadengebot der Mater gloriosa an die selige Büßerin Gretchen (Vers 12094 f.):

Komm! hebe dich zu höhern Sphären,
Wenn er dich ahnet, folgt er nach.

Dante stattet diesen Dank ab gegen Ende des Gedichtes, als Beatrice wieder ihren Hochsitz in der Himmelsrose des Empyreums eingenommen hat, in den prachtvollen Versen (Par. XXXI, 79—90):

9. O donna, in cui la mia speranza vige	O Herrliche, du, meiner Hoffnung Leben,
E che soffristi per la mia salute	Du, der's zu meinem Heile nicht gegraut,
In Inferno lasciar le tue vestige;	Dich in den Schlund der Hölle zu begeben,
82. Di tante cose, quante io ho vedute,	Dir dank' ich alles, was ich dort geschaut,
Dal tuo podere e dalla tua bontate	Wohin du mich durch Macht und Güte brachtest,
Riconosco la grazia e la virtute.	Und deine Gnad' und Tugend preis' ich laut.
85. Tu m'hai di servo tratto a libertate	Die du zum Freien mich, den Sklaven, machtest,
Per tutte quelle vie, per tutt' i modi	Mir halfst auf jedem Weg, in jeder Art,
Che di ciò fare avei la potestate.	Die du zu diesem Zweck geeignet dachtest,
88. La tua magnificenza in me custodi,	Hilf, daß, was du geschenkt, mein Herz bewahrt,
Sì che l'anima mia, che fatta hai sana,	Damit sich dir die Seele dort geselle,
Piacente a te dal corpo si disnodi.	Die Seele, die gesund durch dich nur ward.

---

[1]) Zu Eckermann, 6. Juni 1831.

Diese Verse geben — allerdings in breiter Umschreibung — den Schlußgedanken des ganzen Faust:

> Das Ewig-Weibliche
> Zieht uns hinan

und den leitenden Gedanken des Engelchores:

> Und hat an ihm die Liebe gar
> Von oben teilgenommen.

Immerhin sind das, wie ich mit allem Nachdruck betonen möchte, ferne Anklänge, und so einleuchtend für den ersten Blick auch die Ähnlichkeit der Gruppen ist: Dante an Beatricens Hand von Sternenhimmel zu Sternenhimmel aufwärts schwebend und Faust Gretchen zu immer höheren Himmelssphären nachfolgend, so sehr müssen wir uns hüten, diese Analogie weiter zu verfolgen.[1]) Dante ist nur durch Beatricens Hilfe (natürlich unter Zulassung der göttlichen Gnade) und als ein Lebender zum Paradiese aufgestiegen, Faust dagegen hat sich der Erlösung durch eigene Kraft („Wer immer strebend sich bemüht") im Erdenleben würdig gemacht, und „die Liebe von oben" hat nur dabei durch ihre Teilnahme mitgeholfen. Die Gnade spricht auch für Faust das letzte Entscheidungswort, aber Goethe selber hat mit aller Bestimmtheit ausgesprochen: „in Faust selber eine immer höhere und reinere Tätigkeit bis ans Ende, und von oben die ihm zu Hilfe kommende ewige Liebe. Es steht dieses mit unserer religiösen Vorstellung durchaus in Harmonie, nach welcher wir nicht bloß durch eigene Kraft selig werden, sondern durch die hinzukommende göttliche Gnade."[2])

---

[1]) Man beachte den Warnungsruf Erich Schmidts (Jub.-Ausg. Bd. XIV, S. XLII): „Gretchen, die natürlich nicht zu einer andern Beatrice idealisiert werden kann..."! — Den Unterschied zwischen Beatrice und Gretchen skizziert mit wenigen Strichen vortrefflich Joseph Kohler in einem seiner geistvollen Essays „Dantes Beatrice", jetzt bequem zugänglich in dem Sammelbande „Aus Kultur und Leben". Berlin 1904 (vgl. bes. S. 94). Vgl. jedoch auch desselben Verfassers Aufsatz „Fausts Pakt mit Mephistopheles", wo es heißt: „Der ganze Gedanke der Erlösung durch das Weib zeigt den Einfluß der großartigen Schöpfung Beatricens, der größten Frauengestalt, die je einem Dichter gelungen ist." (Goethe-Jahrb. 1903. XXIV, 130 f. wieder abgedr. in „Aus Kultur und Leben" S. 102 ff.)

[2]) Zu Eckermann, 6. Juni 1831.

Auch für Goethes Doctor Marianus, dessen inbrünstiges Flehen die Himmelskönigin herniederschwebend erhört, kann man bei Dante ein Vorbild nachweisen in dem hl. Bernhard von Clairvaux. Vielleicht hat Goethe bei Streckfuß in dessen Anmerkung zum XXXI. Gesange des Paradieses die schönen Worte gelesen, die Luther über diesen Heiligen geschrieben hat: „Ist jemals ein wahrer, gottesfürchtiger und frommer Mönch gewesen, so war's St. Bernhard, den ich allein viel höher halte denn alle Mönche und Pfaffen auf unserm Erdboden, und ich zwar seinesgleichen auch sonst niemals weder gelesen noch gehört habe."[1]) Wie dem auch sei, jedenfalls ergibt sich eine auffallende Ähnlichkeit zwischen diesen beiden Gestalten bei Dante und Goethe. Beide finden wir in den höchsten Höhen: Bernhard als letzten Führer und Lehrer Dantes der Himmelsrose des Empyreums gegenüber, Marianus „in der höchsten reinlichsten Zelle"; von allen also, die mit Dante, bzw. im Faustabschluß sprechen, sind diese beiden die der Madonna am nächsten stehenden, beide wenden sich mit einem herrlichen Gebete an die Himmelskönigin. In diesen Gebeten berühren sich die beiden Dichter mehr als einmal. Ich stelle die wichtigsten Verse zusammen; die Danteschen stammen alle aus Par. XXXIII:

> 11997. Höchste Herrscherin der Welt!
> Lasse mich im blauen
> Ausgespannten Himmelszelt
> 12000. Dein Geheimnis schauen.

31. Perchè tu ogni nube gli disleghi	Nimm ihm der Erde Nacht von Aug' und Brust,
Di sua mortalità co' prieghi tuoi,	Und flehe du für ihn, daß sich entfalten
Si che'l sommo piacer gli si dispieghi.	Vor seinen Augen mag die höchste Lust.

> 12005. Unbezwinglich unser Mut,
> Wenn du hehr gebietest.

10. Qui se' a noi meridiana face	Die Lieb' entflammst du, gleich der Mittags-Sonne
Di caritade.	In diesem Reich.

---

[1]) Streckfuß III, 335.

12009. Jungfrau, rein im schönsten Sinn,
Mutter, Ehren würdig,
Uns erwählte Königin,
Göttern ebenbürtig.

1. Vergine Madre, figlia del tuo Figlio,	O Jungfrau, Mutter, Tochter deines Sohnes,
Umile ed alta più che creatura,	Demüt'ger, höher, als was je gewesen,
34. Ancor ti prego, Regina, che puoi	Noch bitt' ich, Königin, dich, die du walten
Ciò che tu vuoi,...	Kannst, wie du willst...

12020. Dir, der Unberührbaren,
Ist es nicht benommen,
Daß die leicht Verführbaren
Traulich zu dir kommen.

16. La tua benignità non pur soccorre	Du pflegst dem Armen huldreich beizustehen,
A chi dimanda...	Der zu dir fleht, ...
19. In te misericordia, in te pietate	In dir ist Huld, Erbarmen ist in dir,
In te magnificenza.	In dir der Gaben Fülle...

Außerdem aber vergleiche man zu Par. XXXIII, 1 f. und 34 f. auch noch die Schlußanrufung des Doctor Marianus Vers 12102 f.:

Jungfrau, Mutter, Königin,
Göttin, bleibe gnädig!

Die Anklänge sind vorhanden, und sie sind zum Teil so stark, daß man kaum annehmen kann, sie seien zufälliger Art. Doch scheint mir auch hier wieder, wie wir es nun schon öfter gefunden, die Grundanschauung, von der die beiden Dichter ausgehen, eine wesentlich verschiedene zu sein. Man vergleiche nochmals mit dem Anfange des Goethischen Gebetes eine andere Stelle aus Dante:

11997. Höchste Herrscherin der Welt!
Lasse mich im blauen,
Ausgespannten Himmelszelt
Dein Geheimnis schauen.
Billige, was des Mannes Brust
Ernst und zart beweget
Und mit heiliger Liebeslust
Dir entgegen träget.

Beatrice zu Dante. Par. XXVIII, 109—114.

Quinci si può veder, come si fonda	Durch Schau'n wird also Seligkeit errungen,
L'esser beato nell' atto che vede,	Nicht durch die Liebe, denn sie folgt erst dann,
Non in quel ch'ama, che poscia seconda.	Wenn sie dem Schau'n, wie ihrem Quell, entsprungen.
E del vedere è misura mercede,	Und das Verdienst, das durch die Gnade man
Che grazia partorisce e buona voglia;	Und Willensgüt' erwirbt, ist Maß dem Schauen.
Cosi di grado in grado si procede.	So steiget man von Grad zu Grad hinan.

Daraus erhellt deutlich, daß die beiden Dichter den Vorgang gerade umgekehrt fassen: bei Goethe ist die Liebe (die „heilige Liebeslust") das erste, und sie macht erst des Schauens würdig; bei Dante folgt die Liebe als zweites dem Schauen, sie ist erst dessen Ergebnis und entspringt dem Schauen „wie ihrem Quell". Dante stellt sich hier in der alten scholastischen Streitfrage, ob die Seligkeit der Engel im Schauen Gottes oder in der Liebe Gottes bestehe, auf die Seite des hl. Thomas von Aquino, welcher die Seligkeit ins Schauen setzte, gegen die Anschauung des Duns Scotus, welcher sie in der Liebe sah. Goethe dagegen würde (sicherlich ohne sein Wissen und Wollen) vielmehr mit letzterem übereinstimmen.

Nicht nur bei Goethe, sondern auch schon bei Dante ist Maria als Mater gloriosa die eigentliche Himmelskönigin. So sagt Bernhard von Clairvaux zu Dante Par. XXXI, 115—117:

Ma guarda i cerchi fino al più rimoto	Doch laß den Blick von Kreis zu Kreise steigen,
Tanto che veggi seder la Regina	Bis daß er sich zur Königin erhöht,
Cui questo regno è suddito e divoto.	Vor der sich fromm des Himmels Bürger neigen.

und Dante sieht sie als „Friedens-Oriflamme" (pacifica Oriafiamma, Vers 127) am höchsten leuchten und viele Tausende von Engeln sie preisen mit Sang und Saitenspiel. Schon im XXIII. Gesange des Paradieses schwebt Maria mit Christus und vielen Seligen zu der Sphäre der Zwillinge hernieder, wobei allerdings Dante, vom Glanze geblendet, nur die Madonna und die Seligen, nicht aber den Heiland selbst sieht. In ähnlicher Weise schwebt Maria als Mater gloriosa in der letzten Szene des Faust einher in tieferen Sphären, als die ihres gewohnten Aufenthaltes sind,[1]) und hebt sich dann, wie Dantes Madonna zum Empyreum (Par. XXIII, 118 ff.), wieder zu ihrer hier nicht näher bezeichneten eigentlichen Himmelsheimat empor. Sie sagt zur Büßerin Gretchen (Vers 12604):

Komm! hebe dich zu höhern Sphären!

Der Engel Gabriel bei Dante spricht zu ihr (Par. XXIII, 106 f.):

mentre	wenn in höh'rer Pracht,
Che seguirai tuo Figlio e farai dia	Weil, Herrin, du dem Sohn dich nachgeschwungen,
Più la spera suprema, perchè gli entre.	Bei deinem Nah'n die höchste Sphäre lacht.

Wie aber im Faustabschluß Doctor Marianus, der Chor der Büßerinnen, die drei großen Sünderinnen und Gretchen als eine der Büßenden abwechselnd ihre Stimmen erheben zum Preise Marias, zu Gebet, Anrufung und beschwörendem Flehen, so tönt der Name der Himmelskönigin tausendstimmig durch Dantes tiefere Himmelssphäre (XXIII, 110 f.), so singen hier die Seligen den alten Ostersang zum Preise Mariä „Regina Coeli", um ihrer inbrünstigen Liebe zur Madonna Ausdruck zu geben (XXIII, 128).

Im Chorus mysticus einen sich bei Goethe alle diese Himmelsstimmen zum tiefsinnig hehren Abschluß der ganzen Tragödie. Daß und wie weit deren letztes Wort, das unergründlich tiefe

Das Ewig-Weibliche
Zieht uns hinan,

schon bei Dante seinen Vorklang findet, ist schon besprochen worden. Aber auch für die ersten Verse des Chorus mysticus läßt sich bei Dante eine ferne Parallele finden in den Worten

---

[1]) Morris, Goethestudien² I, 146 (vgl. 147) erinnert zu der Goetheschen Mater gloriosa auch an Murillos bekannte Bilder der „Immaculata", gewiß mit vollem Recht. Dagegen scheint mir sein Hinweis auf Tizians „Assunta" (ebd.) keineswegs überzeugend: die zum Himmel aufsteigende, in höchster Inbrunst der Krönung entgegenblickende Madonna ist noch nicht Himmelskönigin, und hat mit „der Herrlichen im Sternenkranze" Goethes, die aus höheren Sphären einherschwebt als die längst hier die himmlischen Reiche Beherrschende, keinerlei Ähnlichkeit. Der aus Offenb. Joh. XII, 1 stammende Sternenkranz fehlt auch bei Murillo nicht.

Beatrices zu Dante (Par. IV, 40—42, die allerdings in der Übersetzung an Tiefe verlieren!):

Alles Vergängliche
Ist nur ein Gleichnis.

Così parlar conviensi al vostro ingegno,	So sprechen muß man ja zu eurem Geist,
Però chè solo da sensato apprende	Den nur die Sinne zu dem allen leiten,
Ciò che fa poscia d'intelletto degno.	Was die Vernunft sodann ihr eigen heißt.

So treffen denn die beiden Gewaltigen am Ende ihres Lebens, in den Schlußteilen ihres beiderseitigen Lebenswerkes doch noch mehrfach zusammen. Wenn auch im allgemeinen (was, wie ich glaube, aus meinen Ausführungen beweiskräftig hervorgeht) das Verhältnis Goethes zu Dante ein kühles war, das Verhältnis anerkennender Bewunderung einer ihm im ganzen fernbleibenden und wenig sympathisch erscheinenden Größe,[1]) so hat sich Goethe hier, im Schlusse seiner Faustdichtung, doch Dante mehr genähert als sonst irgendwo. Wir erinnern uns dabei nochmals der oben (S. 97) angeführten Worte zu Eckermann vom 6. Juni 1831. Die „scharf umrissenen christlich-kirchlichen Figuren und Vorstellungen", die er brauchte, fand er bei Dante vorgebildet, und so griff er hier ebenso unbedenklich in den Schatz überlieferter Dichtung, wie er für andere „Figuren und Vorstellungen" im Faust bei dem alttestamentlichen Hiob, der altindischen Çakuntala, den altgriechischen Tragikern Anleihen gemacht hatte, allerdings, indem er hier wie dort Neues, ihm Eigenes daraus bildete. Für

---

[1]) „Dantes Schroffheit und architektonisch-mystische Scholastik mußte Goethes mildem, humanem Geist zuwider sein; wie ihn Theognis mit seiner menschenfeindlichen Moral nicht ansprach, so auch Dante nicht: bei beiden erklärte er das strenge Gericht, das sie über ihre Zeitgenossen verhängen, aus ihrem Leben als Verbannte und Ausgestoßene, als Emigrierte, die wie die der französischen Revolution eine reiche Bildung durch rohe Parteiwut zerstören sahen." Victor Hehn, Gedanken über Goethe. Berlin 1888. S. 184. – „Das weltumspannende Werk des Dante freilich hat er wohl nicht nach seinem vollen Werte geschätzt. Es erschien seiner Auffassung nach zu mittelalterlich, und ein genügendes Studium, um zu erkennen, wie weit sich Dante über das Mittelalter erhebt, hat er ihm wohl nicht gewidmet. Doch hat er für die Schlußszene des Faust zweifellos Motive aus dem Paradies entnommen." O. Harnack, Goethe in der Epoche seiner Vollendung. 1905. 3. Auflage. S. 165.

Goethe waren eben die Werke früherer Dichter wie das Schaffen der Natur gleicherweise Material für seine neuen Schöpfungen, wie er selber einmal unumwunden aussprach (vgl. Kap. I, Nr. 23): „Die ganze Natur gehört dem Dichter an; nun aber wird jede geniale Kunstschöpfung auch ein Teil der Natur, und mithin kann der spätere Dichter sie so gut benutzen wie jede andere Naturerscheinung." Für beide aber, für Dantes Divina Commedia und für Goethes Faust, gilt das Wort, das Goethe niedergelegt hat in seinem Aufsatze „Wahrheit und Wahrscheinlichkeit der Kunstwerke" (W. A. XLVII, 265):

Ein vollkommenes Kunstwerk ist ein Werk des menschlichen Geistes, und in diesem Sinne auch ein Werk der Natur. Aber indem die zerstreuten Gegenstände in Eines gefaßt und selbst die gemeinsten in ihrer Bedeutung und Würde aufgenommen werden, so ist es über die Natur. Es will durch einen Geist, der harmonisch entsprungen und gebildet ist, aufgefaßt sein, und dieser findet das Vortreffliche, das in sich Vollendete auch seiner Natur gemäß.

Literatur-Verzeichnis.

Goethes Werke. Herausgegeben im Auftrage der Großherzogin Sophie von Sachsen. 4 Abteilungen: 1. Werke. 2. Naturwissenschaftliche Schriften. 3. Tagebücher. 4. Briefe. Weimar. Seit 1887. (Weimarer Ausgabe, zitiert W. A.)

Goethes Werke. Vollständige Ausgabe letzter Hand. 55 Bände. Stuttgart und Tübingen. 1827—1833. (Zitiert: A. l. H.)

Goethes Werke. Nach den vorzüglichsten Quellen revidierte Ausgabe. Berlin. Gustav Hempel. o. J. [1868—1879]. 36 Bände.

Goethes Gedichte. Goethes Werke. I.—III. Band. Gedichte I.—III. Teil. Mit Einleitungen und Anmerkungen von Gustav von Loeper. Zweite Ausgabe. Berlin. G. Hempel. 1882—84.

Goethes Faust. Herausgegeben von Carrière. 2 Bände. Leipzig 1869.

Herausgegeben von Loeper. 2. Bearbeitung. 2 Bände. Berlin 1879.

Herausgegeben von K. J. Schröer. I. Teil. 4. Auflage. Leipzig 1898. II. Teil. 4. Auflage. Leipzig 1903.

Herausgegeben von Otto Harnack. Goethes Werke. Herausgegeben von Heinemann. Bd. V. Leipzig und Wien (o. J.).

Herausgegeben von Erich Schmidt. Goethes sämtliche Werke. Jubiläums-Ausgabe. Herausgegeben von Eduard von der Hellen. Bd. XIII und XIV. Stuttgart und Berlin o. J. [1905—1906].

Goethes Faust am Hofe des Kaisers. In 3 Akten für die Bühne bearbeitet von Joh. Peter Eckermann. Herausgegeben von Friedrich Tewes. Berlin 1901.

Goethe. Über Kunst und Altertum. 6 Bände. Stuttgart 1818—1832.

Goethes Gespräche. Herausgegeben von W. von Biedermann. 10 Bände. Leipzig 1889—1896.

Briefwechsel Goethes mit Zelter. Herausgegeben von Fr. W. Riemer. 6 Bände. Berlin 1833—1834.

mit Reinhard. Stuttgart und Tübingen 1850.

mit Knebel. Leipzig 1851.

mit Staatsrat Schultz. Herausgegeben von H. Düntzer. Leipzig 1853.

Briefwechsel Goethes mit Sulpiz Boisserée = Sulpiz Boisserée. II. Band. Stuttgart 1862.
Briefe von und an Goethe. Herausgegeben von Fr. W. Riemer. Leipzig 1846.
Goethe-Jahrbuch. Herausgegeben von Ludw. Geiger. Seit 1880 jährlich 1 Band.

Dante, La Divina Commedia ed. C. F. Fernow. 3 Bände. Jena 1807.
    La Divina Commedia ed. Fraticelli. 1 Band. Firenze 1887.
    La Divina Commedia ed. Scartazzini. 3 Bände. Leipzig 1900, 1875, 1882.
    Opere Minori ed. Fraticelli. 3 Bände. 4., 5., 6. Aufl. Firenze 1887.
    La Monarchia ed. C. Witte. 2. Auflage. 1874.
    Die Göttliche Komödie. Übersetzt von Karl Streckfuß. 3 Bände. Halle 1824—1826.
    Die Göttliche Komödie. Übersetzt von Philalethes. 3 Bände. Dresden und Leipzig.
Dantes Göttliche Komödie in deutschen Stanzen frei bearbeitet von Paul Pochhammer. Leipzig 1901.
Jahrbuch der deutschen Dante-Gesellschaft. Bd. I Leipzig 1867; Bd. II Leipzig 1869; Bd. III Leipzig 1871; Bd. IV Leipzig 1877. (Zitiert: Dante-Jahrbuch.)

Vasari, Vite de' più eccellenti Pittori, Scultori e Architetti ecc. Vol. III. Roma 1760.
Musenalmanach auf das Jahr 1802. Herausgegeben von Bernhard Vermehren. Leipzig 1801.
J. W. Schelling, Über Dante in philosophischer Beziehung. 1802. (S. W. I. Abt. V, 156 f.)
Vita di Benvenuto Cellini, Orefice e scultore Fiorentino. Milano 1805.
Gottl. Heinr. Ad. Wagner, Zwei Epochen der modernen Poesie in Dante, Petrarca, Boccaccio, Goethe, Schiller und Wieland. Leipzig 1806.
[Heinrich Meyer], Beiträge zur Geschichte der Schaumünzen aus neuerer Zeit. Programm der Jen. Allg. Lit. Ztg. 1810.
Tommaso Grossi, Ildegonda. Novella. Terza edizione Milanese. Milano 1825.
Bernhard Rudolph Abeken, Beiträge für das Studium der Göttlichen Komödie Dante Alighieris. Berlin und Stettin 1826.
Gottl. Heinr. Ad. Wagner, Il Parnasso Italiano. Lipsia 1826.
Young William Ottley, A Series of Plates engraved after the Paintings and Sculptures of the most eminent Masters of the early Florentine School. London 1826.
Alessandro Manzoni, Opere Poetiche con Prefazione di Goethe. Jena 1827.
John Flaxman, Lectures of Sculpture. London 1829.

Graf Raczynski, Geschichte der neueren deutschen Kunst. Bd. III. Berlin 1841.
Wilhelm von Humboldts gesammelte Werke. Bd. III. Berlin 1843.
August Wilhelm von Schlegel, Sämtliche Werke. Herausgegeben von Eduard Böcking. 12 Bände. Leipzig 1846—1847.
Chr. Schuchardt, Goethes Kunstsammlungen. Bd. I und II. Jena 1848.
Joh. Gottfr. Schadow, Kunst-Werke und Kunst-Ansichten. Berlin 1849.
Heinr. Düntzer, Goethes Faust. 2 Bände. Leipzig 1850, 1851.
August Graf von Platen, Gesammelte Werke. Bd. VII. Leipzig 1853.
Woldemar von Biedermann, Goethe und Leipzig. 2 Bände. Leipzig 1865.
Bernhard Rudolf Abeken, Goethe in den Jahren 1771—1775. 2. Auflage. Hannover 1865.
Theodor Paur, Dante in Deutschland. Unsere Zeit. N. F. Bd. I. 1865.
Ferdinand Piper, Dante und seine Theologie. Evangelisches Jahrbuch für 1865. Berlin 1865.
Daniel Stern (Gräfin d'Agoult), Dante et Goethe. Dialogues. Paris 1866.
Edmond Scherer, Dante et Goethe. 1866. Abgedr. in: Études sur la Littérature contemporaine, Vol. VI. Paris 1882. (Nouvelle édition, Paris 1894.)
Emile Montégut, Dante et Goethe. 1866. Abgedr. in: Types littéraires et Fantaisies esthétiques. Paris 1882.
A. Mézières, Dante et Goethe in: Revue des Cours littéraires. Vol. III. 1865/66.
H. Welcker, Der Schädel Dantes. Jahrbuch der deutschen Dante-Gesellschaft. Bd. I. 1867.
Karl Witte, Die Totenmaske. Jahrbuch der deutschen Dante-Gesellschaft. Bd. I. 1867.
Theodor Paur, Dantes Porträt. Jahrbuch der deutschen Dante-Gesellschaft. Bd. II. 1869.
Ernst Förster, Vorwort zum Jahrbuch der deutschen Dante-Gesellschaft. Bd. II. 1869.
V. A. Huber, Dante ein Schattenriß. Jahrbuch der deutschen Dante-Gesellschaft. Bd. II. 1869.
Aus Schellings Leben in Briefen. Bd. I. Leipzig 1869.
Franz Hettinger, Grundidee und der Charakter der Divina Commedia Dantes Alighieris. Bonn 1876.
Rudolf Pfleiderer, Die Gesamtidee der Göttlichen Komödie. Jahrbuch der deutschen Dante-Gesellschaft. Bd. IV. 1877.
Hermann Henkel, Zu den Terzinen im II. Faust. Schnorrs Archiv. Bd. VIII. 1878.
Franz Xaver Wegele, Dantes Leben und Werke. 3. Auflage. Jena 1879.
Franz Hettinger, Die Göttliche Komödie des Dante Alighieri nach ihrem wesentlichen Inhalt und Charakter dargestellt. Freiburg i. B. 1880.

Prof. L. Friedländer, Zu Goethes Faust. Deutsche Rundschau. Bd. 26. Jan. 1881.

Julius Friedländer, Die italienischen Schaumünzen des XV. Jahrhunderts. Berlin 1881—1883. (Vgl. Jahrbuch der Preußischen Kunstsammlungen. Bd. II.)

Friedrich Schlegels Jugendschriften. 1794—1802. Herausgegeben von J. Minor. Wien 1882.

Alfred Armand, Les Médailleurs Italiens du XVme et XVIme siècle. 3 Bände. Paris 1883—1887.

G. Dehio, Altitalienische Gemälde als Quelle zum Faust. Goethe-Jahrbuch. Bd. VII. Frankfurt a. M. 1886.

H. v. L. [Melzl von Lomnitz], Goethe und Freidank als Interpreten Dantes, namentlich seiner 3 L. Klausenburg 1886.

E. H. Plumptree, The Commedia and the Canzoniere of Dante Alighieri. Vol. I. London 1886. Vol. II. London 1887.

Ludwig Geiger, Goethe und die Renaissance. Vierteljahrschrift für Kultur und Literatur der Renaissance. Bd. II. Berlin 1887 (wieder abgedruckt in: Vorträge und Versuche. Dresden 1890).

Victor Hehn, Gedanken über Goethe. Berlin 1888.

F. J. Frommann, Das Frommann-Haus und seine Gäste. 3. Ausgabe. Stuttgart 1889.

F. J. Frommann, Goethes Tod und Bestattung. Goethe-Jahrbuch. Bd. XII. 1891.

Ludwig Volkmann, Bildliche Darstellungen zu Dantes Divina Commedia bis zum Ausgang der Renaissance. Leipzig 1892.

Hubert Janitschek, Die Kunstlehre Dantes und Giottos Kunst. Leipzig 1892.

Schillers Briefe. Herausgegeben von Fritz Jonas. 7 Bände. Stuttgart, Leipzig, Berlin, Wien o. J. [1892 ff.].

Aus dem Leben Theodor von Bernhardis. I. Jugenderinnerungen. Leipzig 1893.

Theodor Volbehr, Goethe und die bildende Kunst. Leipzig 1893.

Antonio Zardo, Goethe ed il Cattolicismo. Nuova Antologia. Vol. CXXVII. 1893.

Max Koch, Zur Entstehung zweier Faust-Monologe. Zeitschrift für vergleichende Literaturgeschichte. N. F. VIII. 1895.

Emil Sulger-Gebing, Dante in der deutschen Literatur des XVIII. Jahrhunderts bis zum Erscheinen der ersten vollständigen Übersetzung der Div. Com. (1767/69). Zeitschrift für vergleichende Literaturgeschichte. N. F. Bd. IX und X. 1895 f.

B. Graefe, Au-Dante. Divina Commedia als Quelle für Shakespeare und Goethe. Drei Plaudereien. Leipzig 1896.

Albert Bielschowsky, Goethe. 2 Bände. München 1896, 1904.

Franz Xaver Kraus, Dante. Berlin 1897.

Emil Sulger-Gebing, Die Brüder A. W. und F. Schlegel in ihrem Verhältnis zur bildenden Kunst. München [Berlin] 1897.

Karl Borinski, Über poetische Vision und Imagination. Ein historisch-psychologischer Versuch anläßlich Dantes. Halle 1897.

Paul Pochhammer, Durch Dante. Zürich und Leipzig o. J. [1897].

Arturo Farinelli, Humboldt en Espagne. Paris 1898.

Franz Wickhoff, Der zeitliche Wandel in Goethes Verhältnis zur Antike dargelegt am Faust. Jahreshefte des österreichischen archäologischen Instituts. Bd. I. Wien 1898.

Hermann Oelsner, Dante in Frankreich. Berlin 1898.

Paul Pochhammer, Dante im Faust. Sonderabdruck aus der Beilage zur Allgemeinen Zeitung. München 1898.

Knackfuß, Deutsche Kunstgeschichte. Bielefeld und Leipzig 1898.

Goethe und die Romantik. Herausgegeben von Schüddekopf und Walzel. Schriften der Goethe-Gesellschaft. Bd. XIII und XIV. Weimar 1898, 1899.

Max Morris, Swedenborg im Faust. Euphorion VI. 1899. Wieder abgedruckt in: Goethe-Studien. 2. Auflage. Bd. I. 1902.

Otto Pniower, Goethes Faust. Zeugnisse und Exkurse. Berlin 1899.

Joseph Kohler, Dantes Beatrice. Monatsblätter für deutsche Literatur von Alb. Warnecke. Bd. III. 1899 (wieder abgedruckt in: Aus Kultur und Leben. Gesammelte Essays. Berlin 1904).

Arturo Farinelli, Dante e Goethe. Firenze 1900.

Hermann Grimm, Fragmente. Bd. I. Stuttgart 1900.

Theodore Wesley Koch, Catalogue of the Dante Collection by Fiske. Vol. I, II. London 1898—1900.

Bernhard Suphan, Elegie, September 1823. Schriften der Goethe-Gesellschaft. Bd. XV. Weimar 1900.

Karl Federn, Dante (Dichter und Darsteller. Bd. III). Leipzig 1901.

Erich Schmidt, Danteskes im Faust. Archiv für das Studium neuerer Sprachen und Literaturen. Bd. CVII. 1901.

Max Morris, Gemälde und Bildwerke im Faust. Goethe-Studien. 2. Auflage. Bd. I. Berlin 1902.

Emil Sulger-Gebing, A. W. Schlegel und Dante in: Germanistische Forschungen, Hermann Paul zum 17. März 1902 dargebracht. Straßburg 1902.

Ingo Kraus, Das Dantebild vom Beginn des Quattrocento bis Raffael, in: H. Helbings Monatsberichte über Kunstwissenschaft und Kunsthandel. Bd. II. München 1902.

Joseph Kohler, Fausts Pakt mit Mephistopheles. Goethe-Jahrbuch. Bd. XXIV. Frankfurt a. M. 1903 (wieder abgedruckt in: Aus Kultur und Leben Gesammelte Essays. Berlin 1904).

Michele Kerbaker, l'eterno femminino e l'epilogo celeste nel Fausto di W. Goethe. Napoli 1903.

Paul Pochhammer, Goethes Märchen. Goethe-Jahrbuch. Bd. XXV. Frankfurt a. M. 1904.

Friedrich Noack, Aus Goethes römischem Kreise. Goethe-Jahrbuch. Bd. XXV. Frankfurt a. M. 1904.

Bernhard Rudolf Abeken, Goethe in meinem Leben. Herausgegeben von Adolf Heuermann. Weimar 1904.

Hans Gerhard Gräf, Goethe über seine Dichtungen. II. Teil: Die dramatischen Dichtungen. Bd. II. Frankfurt a. M. 1904.

Otto Harnack, Goethe in der Epoche seiner Vollendung. 3. Auflage. Leipzig 1905.

Ernst Steinmann, Die sixtinische Kapelle. Bd. II: Michelangelo. München 1905.

Richard M. Meyer, Goethe. 3. Auflage. 2 Bände. Berlin 1905.

Arturo Farinelli, Dante et Voltaire. Studien zur vergleichenden Literaturgeschichte. Bd. VI. 1906.

Max Koch, Richard Wagner. I. Band. Berlin 1907. (Geisteshelden. Bd. LV/LVI.)

Karl Voßler, Die Göttliche Komödie. Entwicklungsgeschichte und Erklärung. I. Band. I. Teil. Heidelberg 1907.

Personen-Verzeichnis.

A.

Abeken, Bernhard Rudolf 25, 26, 47, 55, 66, 67, 113, 114, 117.
Aeschylus 6, 10, 12, 50, 52.
d'Agoult, Gräfin (Daniel Stern) 78, 114.
Amalia von Sachsen-Weimar 10.
Anastasius, Papst 20.
Anaxagoras 93.
Ariosto, Lodovico 10, 17, 52.
Aristoteles 26, 56, 57.
Armand, Alfred 24, 115.
Arnim, Achim von 14, 15.
Arnim, Bettina von 90.

B.

Bachenschwanz 52.
Barbarelli, Giorgio (Giorgione) 46.
Beatrice Portinari 45, 79, 81, 86, 89, 96, 100, 104, 105, 108, 110, 116.
Becker, W. G. 51.
Bernhard von Clairvaux 102, 106, 108.
Bernhardi, Theodor von 50, 51, 115.
Bertrand von Bornio 14.
Biedermann, Woldemar von 22, 23, 40, 42, 80, 85, 93, 112, 114.
Bielschowsky, Albert 49, 115.
Boccaccio, Giovanni 24, 40, 43.
Bode, August 55.
Bode, Wilhelm 79.
Bodmer, Joh. Jak. 52.
Böhlendorff 8, 22.
Boisserée, Sulpice 68, 97, 113.
Bonaventura 102.
Borinski, Karl 116.
Bottari, Monsignore 11.
Bratranek, Fr. Th. 99.
Breughel 71.
Bürger, J. G. 51.

Buonarotti s. Michelangelo.
Burkhardt, C. A. H. 22.
Byron 21, 22, 26.

C.

Cacciaguida 104.
Calderon 10, 52.
Carrière 112.
Casti, Abbate 44.
Cebes 30, 35, 36, 58.
Cellini, Benvenuto 4, 5, 7, 48, 50, 53, 65, 113.
Cervantes 52, 74.
Conz 7.
Cornelius, Peter von 15, 19, 46.
Correggio 14.
Cotta 7.
Cuvier, Fräulein 97.

D.

Dehio, G. 8, 36, 98, 115.
Deschamps, A. 47.
Dionysius Areopagita 100, 101.
Döllinger, Ignaz 46.
Dominicus 101, 102.
Donati, Piccarda 100.
Dorat 9.
Dorigny, Niclas 99.
Düntzer, Heinrich 54, 89, 96, 101, 113, 114.
Dürer, Albrecht 71.
Duns Scotus 108.

E.

Eckermann, Johann Peter 22, 23, 37, 42, 54, 55, 80, 85, 87, 93, 97, 112.
Edmund, Karl 52.
Enk, Karl von 82.

F.

Farinelli, Arturo 1, 3, 49, 74, 95, 99, 113, 116, 117.
Federn, Karl 116.
Fernow, Karl Ludwig 9, 10, 31, 37, 47, 113.
Ferri, Cirro 99.
Fiorentino, Niccolo 24.
Fiske 37, 116.
Flaxman, John 5, 6, 12, 42, 43, 46, 48, 50, 52, 65, 96, 113.
Förster, Ernst 3, 114.
Francesca da Rimini 52.
Franz von Assisi 101.
Fraticelli 74, 113.
Friedländer, Julius 24, 115.
Friedländer, L. 98, 115.
Fries, Graf 43, 44, 64, 71.
Frommann, C. F. E. 10, 15.
Frommann, Friedr. Joh. 3, 115.
Führich, Josef 15.
Fugger 40.

G.

Gaddi 7.
Genelli, Bonaventura 14.
Geiger, Ludwig 38, 113, 115.
Gerstenberg 8, 9, 22.
Ghirlandajo 3.
Giorgione s. Barbarelli.
Giotto 4, 7, 30, 57.
Glasenapp 40.
Goethe, Ottilie von 27.
Gozzi 10.
Gräf, Hans Gerhard 87, 97, 117.
Gräfe, B. 74, 115.
Grimm, Hermann 18, 116.
Grimm, Jakob 95.
Grossi, Tommaso 17, 53, 65, 113.

H.

Harnack, Otto 98, 110, 112, 117.
Haug 7.
Hehn, Viktor 110, 115.
Heinemann 112.
Helbing, Hugo 3, 18, 116.
Hellen, E. von der 38, 63, 112.
Henkel, Hermann 90, 114.
Herder, Joh. Gottfr. 23, 44, 49, 69.
Hettinger, Franz 114.
Heuermann, Adolf 25, 67, 117.
Hirzel 76.
Hölderlin 7.
Homer 6, 10, 12, 49, 50, 52.
Huber, Dr. 23.
Huber, V. A. 114.
Humboldt, Wilhelm von 10, 99, 114.

J.

Jacobi, Friedr. Heinrich 8, 38, 56.
Jacobi, Johann Georg 52.
Jagemann, Christian Joseph 10, 52.
Janitschek, Hubert 7, 57, 115.
Johann von Sachsen (Philalethes) 41, 42, 47, 56, 63, 64, 65, 66, 75, 113.
Jonas, Friedrich 91, 115.
Julius II., Papst 77.

K.

Karl August von Sachsen-Weimar 8, 12, 44.
Kayser 44.
Keil, G. G. 47.
Kerbaker, Michele 97, 117.
Kieser, Dietrich Georg 12.
Klopstock 7.
Knackfuß 19, 116.
Knebel, Karl Ludwig von 7, 11, 16, 39, 112.
Koch, Joseph Anton 15, 19, 46, 65.
Koch, Max 40, 69, 70, 90, 117.
Koch, Theodore Wesley 37, 116.
Kohler, Joseph 105, 116.
Kosegarten 7.
Kräuter 46.
Kraus, Franz Xaver 3, 7, 12, 18, 19, 23, 36, 86, 101, 116.
Kraus, Ingo 3, 18, 116.

L.

Landini 11.
Lasinio 8, 36.
Laura 45.
Lavater 55, 76.
Lessing, Gotth. Ephraim 9.
Lœper, Gustav von 63, 70, 74, 75, 76, 90, 112.
Lombardi, Pietro 9.
Luther 106.

M.

Manto 93.
Manzoni, Alessandro 15, 27, 28, 39, 56, 63, 66, 113.
Masaccio 3.
Meinhard 52.
Melzl von Lomnitz 115.
Mendelssohn, Moses 52.
Mereau, Sophie 7.
Merian, Matthaeus 36, 58.
Meyer, Johann Heinrich 6, 11, 14, 24, 113.
Meyer, Richard M. 73, 74, 90, 117.
Mézières, A. 114.
Michelangelo Buonarotti 11, 14, 15, 65, 67, 68, 77.
Minor, Jakob 53.
Montauti 11.
Montégut, Emile 114.
Morris, Max 95, 96, 98, 103, 109, 116.
Müller, Kanzler von 21, 22, 23, 24, 41, 42, 52, 55, 80, 98.
Murillo 109.

N.

Nagler 14.
Nees von Esenbeck 76.
Neri, Filippo 102.
Noack, Friedrich 2, 117.

O.

Oelsner, Hermann 49, 116.
Oeynhausen, Fr. von 47.
Orcagna, Andrea 7, 30, 35, 36, 51, 58, 59, 65.
Orcagna, Bernardo 7.
Ottley, Young William 90, 113.
Ovid 45.

P.

Paul, Hermann 51, 116.
Paur, Theodor 3, 23, 55, 114.
Petrarca 10, 24, 40, 44, 45, 113.
Pfeffel 7.
Pfleiderer, Rudolf 114.
Philalethes s. Johann von Sachsen.
Piper, Ferdinand 21, 114.
Piroli, Tommaso 6.
Pisano, Vittorio (Pisanello) 24.
Platen, Graf von 40, 114.
Plumptree, E. H. 115.
Pniower, Otto 90, 97, 116.
Pochhammer, Paul 64, 72, 79, 80, 81, 82, 83, 84, 85, 86, 87, 91, 92, 113, 116, 117.
Preller, Friedrich 3.

R.

Raczinsky, Graf 19, 113.
Raffael Santi 3, 14, 18, 67, 116.
Rameau 9.
Reinhard 112.
Riemer, Fr. W. 10, 22, 52, 112, 113.
Robinson, Crabb 80.
Ruland, von 46.

S.

Sabatelli, Alessandro 46.
Scartazzini, G. A. 5, 61, 113.
Schadow, Joh. Gottfr. 12, 13, 14, 65, 114.
Schelling, J. W. 6, 66, 78, 113, 114.
Scherer, Edmond 114.
Schiller, Friedrich 6, 10, 38, 40, 51, 71, 72, 90, 91, 98, 113, 115.
Schlegel, Aug. Wilh. von 6, 17, 43, 50, 51, 52, 55, 65, 90, 114, 116.
Schlegel, Friedrich von 7, 14, 53, 78, 115, 116.

Schmidt, Erich 79, 85, 89, 90, 95. 96, 98, 101, 105, 112, 116.
Schoppe, Julius 14, 65.
Schröer, K. J. 94, 112.
Schubart 7.
Schuchardt, Chr. 6, 7, 11, 18, 19, 23, 24, 36, 39, 77, 114.
Schüddekopf 116.
Schütz, H. 14.
Schultz, Christ. Ludw. Friedr. 17, 54, 113.
Shakespeare 10, 15, 49, 52, 53, 74.
Signorelli 96.
Simrock 68.
Sokrates 36.
Sophokles 10, 52.
Statius 92.
Stein, Charlotte von 44, 69.
Stein, Fritz von 44.
Steinmann, Ernst 11, 117.
Stern, Daniel, s. Gräfin d'Agoult.
Stolberg, Friedr. Leop. von 16, 53, 65.
Streckfuß, Karl 20, 26, 27, 28, 29, 31, 32, 33, 36, 37, 39, 47, 55, 56, 57, 60, 61, 62, 63, 64, 65, 66, 75, 82, 89, 90, 91, 94, 95, 98, 106, 113.
Strixner 11.
Sulger-Gebing, Emil 6, 8, 14, 19, 49, 51, 52, 55, 79, 115, 116.
Suphan, Bernhard 76, 116.
Swedenborg 95, 101, 103, 116.

T.

Tasso 10, 17, 49, 96.
Tewes, Friedr. 87, 112.
Thäter, Julius 3.
Thales 93.
Theognis 25, 110.
Thieme, A. von 36.
Thomas von Aquino 57, 108.
Tieck, Ludwig 51, 52, 53.
Tieck, Sophie 51.
Tiedge 7.
Tizian 14, 109.

Tofanelli, Stefano 46.
Torraca, Francesco 1.

U.

Ugolino Gherardesca 8, 21, 22, 51, 52, 55.

V.

Vasari, Giorgio 7, 11, 113.
Veit, Philipp 15.
Venturi, Pompeo 37.
Vermehren, Bernhard 6, 7, 51, 113.
Virgil 4, 20, 25, 34, 56, 59, 62, 81, 82, 86, 89, 94, 103.
Vogel von Vogelstein 15.
Volbehr, Theod. 67, 115.
Volkmann, Ludwig 7, 115.
Voltaire 49, 117.
Voß, Joh. Heinr. 16, 53.
Voßler, Karl 67, 117.

W.

Wackenroder, Wilhelm 14.
Wagner, Gottl. Heinr. Adolf 40, 63, 113.
Wagner, Richard 40, 117.
Walzel 90, 116.
Warnecke, Albert 116.
Weber, Dr. 25, 55.
Wegele, Franz Xaver 114.
Welcker, H. 18, 114.
Welling, G. von 101.
Werner, Zacharias 90.
Wickhoff, Franz 96, 98, 116.
Wieland 40, 113.
Winckelmann, Joh. Joachim 67.
Winkelmann, August 7.
Witte, Karl 18, 28, 113, 114.
Wolf, Friedr. Aug. 40.
Wolff, Georg 40.

Z.

Zardo, Antonio 97, 115.
Zelter, Karl Friedr. 26, 28, 29, 36, 38, 56, 57, 63, 97, 98, 112.

Ebenfalls im SEVERUS Verlag erhältlich:

Adolf Langguth
Goethe als Pädagoge
SEVERUS 2010 / 224 S. / 24,50 Euro
ISBN 978-3-942382-75-5

Adolf Langguth erhellt in dieser Studie das Leben und Wirken Goethes aus pädagogischer Perspektive. Dabei entwirft er ein lebensnahes und persönliches Portrait, das den großen deutschen Dichter als einfühlsamen Menschen und verantwortungsbewußten Erzieher zeigt.

Die Untersuchung lädt sowohl Bewunderer des empfindsamen Genies wie auch Interessierte der Pädagogik ein, Goethe mit dem Autor als „das Ideal freier, schöner Menschlichkeit" und seine fortschrittliche pädagogische Haltung als „nachahmenswert für alle Zeiten" zu entdecken.

www.severus-verlag.de

Ebenfalls im SEVERUS Verlag erhältlich:

Arno Bliedner
Schiller. Eine pädagogische Studie
SEVERUS 2010 / 104 S. / 19,50 Euro
ISBN 978-3-942382-73-1

„Was ist Schiller der deutschen Pädagogik?"

Dieser Frage stellt sich Arno Bliedner in vorliegender Abhandlung, die sich mit der pädagogischen Relevanz von Schiller im Unterricht befaßt.
Anhand nützlicher Anleitungen und Beispiele wird die Schnittstelle von literarischem Wert und moralisch-erzieherischem Nutzen in Schillers Werk beleuchtet.

Bliedner untersucht, inwiefern das Leben und Wirken des großen deutschen Dichters für die Pädagogik nutzbar gemacht, und in verschiedenen Schularten verwertet werden kann.

www.severus-verlag.de

Ebenfalls im SEVERUS Verlag erhältlich:

Rudolf Schlösser
Rameaus Neffe
Studien und Untersuchungen zur
Einführung in Goethes Übersetzung des
Diderotschen Dialogs
SEVERUS 2011/ 308 S./ 39,50 Euro
ISBN 978-3-86347-027-2

Bereits Mitte des 18. Jahrhundert verfasste Denis Diderot seinen satirischen Dialog „Rameaus Neffe". Aber erst 1805 erschien dieser auch in gedruckter Form, ins Deutsche übersetzt von Johann Wolfgang von Goethe. Die Irrungen und Wirrungen, durch die das Manuskript in Goethes Hände geriet, weshalb und wohin es nach der Übersetzung offenbar verschwand und nicht zuletzt die Probleme und Mängel, die bei den Rückübersetzungen des Werks ins Französische auftauchten, stellt Rudolf Schlösser in diesem Buch sehr unterhaltsam und leserfreundlich dar. Dabei spart der Autor, Privatdozent an der Universität Jena, nicht an meinungsstarken Aussagen und sarkastischen Randbemerkungen.

Auch noch gut hundert Jahre nach ihrer Erstveröffentlichung liest sich Schlössers Monographie sehr unterhaltsam und kurzweilig. Darüber hinaus ist sie dank ihres ausführlichen Glossars und Quellenverzeichnisses ein bestens geeignetes Referenzwerk für Freunde und Studenten der deutschen und französischen Literaturgeschichte.

www.severus-verlag.de

Ebenfalls im SEVERUS Verlag erhältlich:

Wilhelm Weygandt
Abnorme Charaktere in der dramatischen Literatur
Shakespeare - Goethe - Ibsen - Gerhart Hauptmann
SEVERUS 2010 / 144 S. / 19,50 Euro
ISBN 978-3-942382-22-9

„Bei Hauptmann wie bei Ibsen, bei Shakespeare und ebenfalls bei Goethe sahen wir, wie der Dichter in seinen Schöpfungen uns eine reichliche Fülle abnormer Charaktere in dem mannigfaltigsten Sinne dieses Begriffes darbietet."

Der deutsche Psychiater Wilhelm Weygandt (1870 bis 1939) verbindet in dem hier vorliegenden Buch seine unfangreichen psychiatrischen Erfahrungen, die er als Direktor der ehemaligen Staatskrankenanstalt Hamburg-Friedrichsberg sammeln konnte, mit den großen Werken der Literatur. Seine Arbeiten zählen zu den bedeutendsten Zeugnissen der Psychiatriegeschichte vom Ende des 19. Jahrhunderts bis in die Zeit des Nationalsozialismus.

www.severus-verlag.de

Bisher im SEVERUS Verlag erschienen:

Achelis. Th. Die Entwicklung der Ehe * Die Religionen der Naturvölker im Umriß, Reihe ReligioSus Band V * **Andreas-Salomé, Lou** Rainer Maria Rilke * **Arenz, Karl** Die Entdeckungsreisen in Nord- und Mittelafrika von Richardson, Overweg, Barth und Vogel * **Aretz, Gertrude (Hrsg)** Napoleon I - Briefe an Frauen * **Ashburn, P.M** The ranks of death. A Medical History of the Conquest of America * **Avenarius, Richard** Kritik der reinen Erfahrung * Kritik der reinen Erfahrung, Zweiter Teil * **Beneke, Otto** Von unehrlichen Leuten: Kulturhistorische Studien und Geschichten aus vergangenen Tagen deutscher Gewerbe und Dienste * **Berneker, Erich** Graf Leo Tolstoi * **Bernstorff, Graf Johann Heinrich** Erinnerungen und Briefe * **Bie, Oscar** Franz Schubert - Sein Leben und sein Werk * **Binder, Julius** Grundlegung zur Rechtsphilosophie. Mit einem Extratext zur Rechtsphilosophie Hegels * **Bliedner, Arno** Schiller. Eine pädagogische Studie * **Blümner, Hugo** Fahrendes Volk im Altertum * **Brahm, Otto** Das deutsche Ritterdrama des achtzehnten Jahrhunderts: Studien über Joseph August von Törring, seine Vorgänger und Nachfolger * **Braun, Lily** Lebenssucher * **Braun, Ferdinand** Drahtlose Telegraphie durch Wasser und Luft * **Brunnemann, Karl** Maximiliane Robespierre - Ein Lebensbild nach zum Teil noch unbenutzten Quellen * **Büdinger, Max** Don Carlos Haft und Tod insbesondere nach den Auffassungen seiner Familie * **Burkamp, Wilhelm** Wirklichkeit und Sinn. Die objektive Gewordenheit des Sinns in der sinnfreien Wirklichkeit * **Caemmerer, Rudolf Karl Fritz** Die Entwicklung der strategischen Wissenschaft im 19. Jahrhundert * **Casper, Johann Ludwig** Handbuch der gerichtlich-medizinischen Leichen-Diagnostik: Thanatologischer Teil, Bd. 1 * **Cronau, Rudolf** Drei Jahrhunderte deutschen Lebens in Amerika. Eine Geschichte der Deutschen in den Vereinigten Staaten * **Cushing, Harvey** The life of Sir William Osler, Volume 1 * The life of Sir William Osler, Volume 2 * **Dahlke, Paul** Buddhismus als Religion und Moral, Reihe ReligioSus Band IV * **Eckstein, Friedrich** Alte, unnennbare Tage. Erinnerungen aus siebzig Lehr- und Wanderjahren * Erinnerungen an Anton Bruckner * **Eiselsberg, Anton Freiherr von** Lebensweg eines Chirurgen * **Eloesser, Arthur** Thomas Mann - sein Leben und Werk * **Elsenhans, Theodor** Fries und Kant. Ein Beitrag zur Geschichte und zur systematischen Grundlegung der Erkenntnistheorie. * **Engel, Eduard** Shakespeare * Lord Byron. Eine Autobiographie nach Tagebüchern und Briefen. * **Ewald, Oscar** Nietzsches Lehre in ihren Grundbegriffen * Die französische Aufklärungsphilosophie * **Ferenczi, Sandor** Hysterie und Pathoneurosen * **Fichte, Immanuel Hermann** Die Idee der Persönlichkeit und der individuellen Fortdauer * **Fourier, Jean Baptiste Joseph Baron** Die Auflösung der bestimmten Gleichungen * **Frimmel, Theodor von** Beethoven Studien I. Beethovens äußere Erscheinung * Beethoven Studien II. Bausteine zu einer Lebensgeschichte des Meisters * **Fülleborn, Friedrich** Über eine medizinische Studienreise nach Panama, Westindien und den Vereinigten Staaten * **Goette, Alexander** Holbeins Totentanz und seine Vorbilder * **Goldstein, Eugen** Canalstrahlen * **Graebner, Fritz** Das Weltbild der Primitiven: Eine Untersuchung der Urformen weltanschaulichen Denkens bei Naturvölkern * **Griesinger, Wilhelm** Handbuch der speciellen Pathologie und Therapie: Infectionskrankheiten * **Griesser, Luitpold** Nietzsche und Wagner - neue Beiträge zur Geschichte und Psychologie ihrer Freundschaft * **Hartmann, Franz** Die Medizin des Theophrastus Paracelsus von Hohenheim * **Heller, August** Geschichte der Physik von Aristoteles bis auf die neueste Zeit. Bd. 1: Von Aristoteles bis Galilei * **Helmholtz, Hermann von** Reden und Vorträge, Bd. 1 * Reden und Vorträge, Bd. 2 * **Henker, Otto** Einführung in die Brillenlehre * **Kalkoff, Paul** Ulrich von Hutten und die Reformation. Eine kritische Geschichte seiner wichtigsten Lebenszeit und der Entscheidungsjahre der Reformation (1517 - 1523), Reihe ReligioSus Band I * **Kautsky, Karl** Terrorismus und Kommunismus: Ein Beitrag zur Naturgeschichte der Revolution * **Kerschensteiner, Georg** Theorie der Bildung * **Klein, Wilhelm** Geschichte der Griechischen Kunst - Erster Band: Die Griechische Kunst bis Myron * **Krömeke, Franz** Friedrich Wilhelm Sertürner - Entdecker des Morphiums * **Külz, Ludwig** Tropenarzt im afrikanischen Busch * **Leimbach, Karl Alexander** Untersuchungen über die verschiedenen Moralsysteme * **Liliencron, Rochus von / Müllenhoff, Karl** Zur

www.severus-verlag.de

Runenlehre. Zwei Abhandlungen * **Mach, Ernst** Die Principien der Wärmelehre * **Mausbach, Joseph** Die Ethik des heiligen Augustinus. Erster Band: Die sittliche Ordnung und ihre Grundlagen * **Mauthner, Fritz** Die drei Bilder der Welt - ein sprachkritischer Versuch * **Meissner, Franz Hermann** Arnold Böcklin * **Müller, Conrad** Alexander von Humboldt und das Preußische Königshaus. Briefe aus den Jahren 1835-1857 * **Oettingen, Arthur von** Die Schule der Physik * **Ostwald, Wilhelm** Erfinder und Entdecker * **Peters, Carl** Die deutsche Emin-Pascha-Expedition * **Poetter, Friedrich Christoph** Logik * **Popken, Minna** Im Kampf um die Welt des Lichts. Lebenserinnerungen und Bekenntnisse einer Ärztin * **Prutz, Hans** Neue Studien zur Geschichte der Jungfrau von Orléans * **Rank, Otto** Psychoanalytische Beiträge zur Mythenforschung. Gesammelte Studien aus den Jahren 1912 bis 1914. * **Ree, Paul Johannes** Peter Candid * **Rohr, Moritz von** Joseph Fraunhofers Leben, Leistungen und Wirksamkeit * **Rubinstein, Susanna** Ein individualistischer Pessimist: Beitrag zur Würdigung Philipp Mainländers * Eine Trias von Willensmetaphysikern: Populär-philosophische Essays * **Sachs, Eva** Die fünf platonischen Körper: Zur Geschichte der Mathematik und der Elementenlehre Platons und der Pythagoreer * **Scheidemann, Philipp** Memoiren eines Sozialdemokraten, Erster Band * Memoiren eines Sozialdemokraten, Zweiter Band * **Schlösser, Rudolf** Rameaus Neffe - Studien und Untersuchungen zur Einführung in Goethes Übersetzung des Diderotschen Dialogs * **Schweitzer, Christoph** Reise nach Java und Ceylon (1675-1682). Reisebeschreibungen von deutschen Beamten und Kriegsleuten im Dienst der niederländischen West- und Ostindischen Kompagnien 1602 - 1797. * **Sommerlad, Theo** Die soziale Wirksamkeit der Hohenzollern * **Stein, Heinrich von** Giordano Bruno. Gedanken über seine Lehre und sein Leben * **Strache, Hans** Der Eklektizismus des Antiochus von Askalon * **Thiersch, Hermann** Ludwig I von Bayern und die Georgia Augusta * Pro Samothrake * **Tyndall, John** Die Wärme betrachtet als eine Art der Bewegung, Bd. 1 * Die Wärme betrachtet als eine Art der Bewegung, Bd. 2 * **Virchow, Rudolf** Vier Reden über Leben und Kranksein * **Vollmann, Franz** Über das Verhältnis der späteren Stoa zur Sklaverei im römischen Reiche * **Wachsmuth, Curt** Das alte Griechenland im neuen * **Weber, Paul** Beiträge zu Dürers Weltanschauung * **Wecklein, Nikolaus** Textkritische Studien zu den griechischen Tragikern * **Weinhold, Karl** Die heidnische Totenbestattung in Deutschland * **Wellmann, Max** Die pneumatische Schule bis auf Archigenes - in ihrer Entwickelung dargestellt * **Wernher, Adolf** Die Bestattung der Toten in Bezug auf Hygiene, geschichtliche Entwicklung und gesetzliche Bestimmungen * **Weygandt, Wilhelm** Abnorme Charaktere in der dramatischen Literatur. Shakespeare - Goethe - Ibsen - Gerhart Hauptmann * **Wlassak, Moriz** Zum römischen Provinzialprozeß * **Wulffen, Erich** Kriminalpädagogik: Ein Erziehungsbuch * **Wundt, Wilhelm** Reden und Aufsätze * **Zallinger, Otto** Die Ringgaben bei der Heirat und das Zusammengeben im mittelalterlich-deutschem Recht * **Zoozmann, Richard** Hans Sachs und die Reformation - In Gedichten und Prosastücken, Reihe ReligioSus Band III